特色课程建设丛书
丛书主编　杨四耕

# 指向核心素养的课程统整框架

## I AM BEST 课程的学科之维

吴迅雷◎主编

华东师范大学出版社
·上海·

**图书在版编目(CIP)数据**

指向核心素养的课程统整框架：I AM BEST 课程的学科
之维/吴迅雷主编. —上海：华东师范大学出版社，2021
(特色课程建设丛书)
ISBN 978 - 7 - 5760 - 1679 - 6

Ⅰ.①指… Ⅱ.①吴… Ⅲ.①课程设计—教学研究—中
小学 Ⅳ.①G632.3

中国版本图书馆 CIP 数据核字(2021)第 118169 号

特色课程建设丛书

# 指向核心素养的课程统整框架：
# I AM BEST 课程的学科之维

丛书主编　杨四耕
主　　编　吴迅雷
责任编辑　刘　佳
项目编辑　林青荻
特约审读　薛　荣
责任校对　廖钰娴　时东明
装帧设计　卢晓红

出版发行　华东师范大学出版社
社　　址　上海市中山北路 3663 号　邮编 200062
网　　址　www.ecnupress.com.cn
电　　话　021 - 60821666　行政传真 021 - 62572105
客服电话　021 - 62865537　门市(邮购)电话 021 - 62869887
地　　址　上海市中山北路 3663 号华东师范大学校内先锋路口
网　　店　http://hdsdcbs.tmall.com

印 刷 者　常熟市文化印刷有限公司
开　　本　787×1092　16 开
印　　张　15.25
字　　数　149 千字
版　　次　2021 年 11 月第 1 版
印　　次　2022 年 3 月第 2 次
书　　号　ISBN 978 - 7 - 5760 - 1679 - 6
定　　价　48.00 元

出 版 人　王　焰

# 编委会

# 丛书总序　走向课程自觉

　　这是一个焦虑的时代,每一个人都忙忙碌碌;这是一个无坐标的时代,很多人都不知身处何方;这是一个看不见路的时代,大家都不知该如何去面对新的情境;这是一个感觉模糊的时代,对很多事我们缺乏应有的自觉和反思。

　　面对这样一个时代,我们需要有起码的文化自觉。在费孝通先生看来,文化自觉是生活在一定文化历史圈子里的人对其文化有"自知之明",并对其发展历程和未来有充分的认识。换言之,文化自觉就是文化的自我觉醒、自我反省和自我创建。

　　要提升学校课程品质,实现立德树人根本任务,文化自觉是不可或缺的。在我看来,课程领域的文化自觉就是课程自觉,它是人们基于对课程的理性认识,为着课程品质的提升而有清晰的目标意识和科学的路径观念,自觉参与课程变革实践的理性之思与理性之行。

　　课程自觉是一种有密度的自觉,它不是一个简单概念,而是一种思想、一种行动、一种文化,包含课程自知、课程自在、课程自为、课程自省以及课程自立等基本构成。推进特色课程建设,我们需要怎样的课程自觉呢?

　　1. 清晰的课程自知。课程自知是人们对特定课程情境的自觉理解,对课程理念和愿景的清晰判断,对课程内容和框架的基本认识,对课程实施路径和方位的整体把握。认识课程,认识自我,这不是一件容易的事。对一位校长来说,课程自知意味着对学校课程规划的整体理解,自觉研判学校文化与课程建构的关系、育人目标与课程架构的关系、资源调配与课程实施的关系;对一位教师来说,课程自知意味着对学科课程群建设的自觉思考,自觉跳出"课程即科目""课程即教学内容"等狭隘的课程观,建立与立德树人要求相适应的崭新课程观。

　　2. 透彻的课程自在。萨特说:存在先于本质。他曾将存在分为自在的存在和自为的存在,自在的存在是物体同其本身等同的存在,自为的存在是同意识一起扩展的存在。课程自觉需要深刻理解课程自在的文化,需要完整把握课程自在的处境,需要清晰认识课程变革的制度环境和现实可能,进而意识到哪些是可为的,哪些是不可为的;哪些是必须做的,哪些是可选择的;哪些是自己即可为的,哪些是需要制度支持的。

3. 积极的课程自为。按照萨特的观点,自为的存在是自我规定自己存在的。意识是自为的内在结构,自为的存在就是意识面对自我的在场。对课程变革而言,课程主体按照课程发展规律,通过自身的自觉行为和实践实现课程品质的提升,就是课程自为。课程自为意味着我们对课程自在的不满足,意味着我们开动脑筋思考课程变革的空间,意味着我们通过直面本己的课程实践培育新的课程文化,意味着我们在积极的卷入中推进课程深度变革。

4. 深刻的课程自省。课程自省即课程反思。杜威(1933)曾将反思解释为"思,我所思(thinking about thinking)",他鼓励专业人士审思每一个专业判断之下的潜在逻辑。课程变革是一种反思性实践,需要对实践进行反思,再将反思带到新的实践中去。反思性实践是一种主动且持续地审视理论、信念和假设的过程,它可以帮助我们在课程实践中更好地理解自我与他人,选择合适的方式应对可能的情境。课程反思是凌驾于思维之上的更高层次的反思。当你站在既定的框架里去检查这些规则的时候,是无法发现这些规则的问题的;如果你可以跳脱出来,不带评判和预设地去分析这些规则,其中的不妥之处就会被你看到。课程反思是一种能力,当你掌握了这项能力的时候,你就像"觉醒"了一样,一样的世界,你却会有不一样的"看法"。这就是哈贝马斯所谓的"沟通理性"概念,提升课程品质特别需要这样一种理性:反省、批判和论证。

5. 持守的课程自立。《礼记·儒行》:"力行以待取。"每一个人只有在自己的行动中,才能发现自己,才能向世界宣布他具有怎样的价值。课程自立是一个人认识到课程变革是自己的事,要有自己的立场、自己的创见,自持自守,不为外力所动,不随波逐流,进而"回到粗糙的地面"(维特根斯坦语),自觉参与到课程变革中来。课程自立本质上是在课程自知、课程自在、课程自为以及课程自省的作用之下,依靠自己的自觉和力量对课程实践有所贡献,并在此过程中逐渐提升自己的课程能力和专业成熟度,确证自己的"课程人"地位,成为"自己的国王"。

当我们有了清晰的课程自知、透彻的课程自在、积极的课程自为、深刻的课程自省以及持守的课程自立的时候,我们便作为"有创见的主体"主动地介入到课程设计、实施、评价与管理的全过程之中了,学校课程深度变革便自然而然地发生了。

费孝通先生说:"文化自觉是一个艰巨的过程。"让课程意识从"睡眠状态""迷失状态"到"自觉状态",也是一个艰难而痛苦的过程。可喜的是,本套丛书的作者秉持课程自觉之精神,聚焦特色课程建设,在课程自知、课程自在、课程自为、课程自省和课程自立方面掘进,迎来了课程变革的新境界!

杨四耕

2020 年 7 月 3 日于上海市教育科学研究院

# 目 录

## 第一章　阳光语文：让学习充满温情的生活气息　/ 1

　　让儿童在充满温情的学习氛围中感受语言文字的魅力，是"阳光语文"的使命。"阳光语文"是生活的，它来源于生活，归根于生活，充盈着生活的气息；"阳光语文"是心灵的，它温情地给予学生精神滋养，引领学生精神成长；"阳光语文"是探索的，它是发现问题、解决问题的工具，能让学生更好地探索世界，发掘生活的意义。一句话，"阳光语文"凝聚着对美好生活的探索，对高贵精神的追求，对生活的关注，对人生的思索。

## 第二章　韵味数学：让数学学习有滋有味

数学是有独特韵味的，它应当是有趣、有味、有文化感的。让数学学习有滋有味是"韵味数学"的旨趣。"韵味数学"是有趣的，它是激发学生学习兴趣，引发学生数学思考的数学活动；"韵味数学"是生活的，它从实际背景中抽象出数学问题，提升孩子的数学思维品质；"韵味数学"是美的，它关注孩子数学知识技能的获得，以数学的方式去品赏数学中的美；"韵味数学"是有文化感的，它结合数学史，滋养心境，让孩子的心灵在数学学习中得以绽放。

## 第三章　七彩英语：用英语打开多彩世界之门

英语是工具性和人文性相结合的学科，是意义与生活的有机结合。"七彩英语"是有情景的，它让学生学以致用，在熟悉的生活情景中感受英语交流的重要性；"七彩英语"是有人文温度的，它让学生了解相关的人文知识和英语表达，从而进一步了解各国的文化差异；"七彩英语"是重交际的，它引导、鼓励学生运用英语去交流和交际；"七彩英语"是开放的，它让学生感受到语言是时代发展的产物，并让学生与时俱进、保持终身学习的态度。

## 第四章 趣味物理：让学生对物理感兴趣 / 55

"趣味物理"注重培养学生的物理学习兴趣。"趣味物理"是实验的物理，重视学习者的个体经验，以学习者为中心；"趣味物理"是生活的物理，引导学生观察生活中的熟悉现象，了解事物的相互联系；"趣味物理"是探究的物理，在实验探究的过程中让学生积极动手动脑；"趣味物理"是渐进的物理，循序渐进建构学生的物理学习体系；"趣味物理"让学生接触物理，认识物理，引发思考，产生浓厚的物理学习兴趣。

## 第五章 活力化学：探究世界的活性与奥秘 / 67

化学是一门充满活力和希望的学科，它应当是有趣的、有启发性的、联系实际和富有希望的,探究世界的活性与奥秘是"活力化学"的旨趣。"活力化学"是有趣的,通过探究变化的奥秘,增强学生学习的兴趣;"活力化学"是有启发性的,致力于启发学生创新,释放学生的创造力;"活力化学"是联系实际的,倡导将知识应用于实践,让学生多参与实验;"活力化学"是富有希望的,紧密关联科学技术,让学生领略化学的魅力。

# 第六章　多彩生命：让生命在实践中绽放异彩　/ 87

生命是短暂、脆弱的,但也是幸福、精彩的,让"生命绽放异彩"是"多彩生命"的教育宗旨。"多彩生命"是充满自信的,以睿智眼光去发现生命的美好,珍视人生的经历与磨炼;"多彩生命"是善于思考的,以胸怀天下去感悟生命的伟大,思索生命的意义与价值;"多彩生命"是勇于实践的,以卓越见识去体验生命的精彩,认识生命的坚毅与顽强;"多彩生命"是肩负使命的,以笃行致远去探寻生命的真谛,实现人生的目标与追求。

## 第七章　璀璨艺术：让艺术照亮孩子们的心灵　

　　艺术教育应陶冶儿童的情操,明亮儿童的心灵,这便是"璀璨艺术"的追求。"璀璨艺术"带给学生美的感悟,让学生发现美无处不在;"璀璨艺术"帮助学生建立起健康的审美观,进而具有更高的审美品质;"璀璨艺术"使艺术融入学生的生活,让艺术成为重要的情感交流媒介。"璀璨艺术"以精彩的课堂、绚丽的舞台、爱的团队……带领孩子们探索,让艺术的光芒照亮心灵。

## 第八章　灿烂课堂：引导孩子们做精神灿烂的人　

　　道德与法律犹如车之两轮、鸟之两翼般不可分离。让道德点亮人生之路,指明孩子们前进的方向,让法律成为孩子们前进道路上的守护者,是"灿烂课堂"的不懈追求。"灿烂课堂"帮助学生筑牢道德底线,追求崇高美好的道德境界,提高学生的法治思维,弘扬社会主义法治精神。"灿烂课堂"关注学生成长中的体验与困惑,引领学生在思想上与精神上获得成长,做精神灿烂的人。

## 第九章　体验历史：让历史学习从经验到体验　/ 135

　　历史是一种叙事，它需要体验。拉近学生与历史的距离，使学生在感知、体验和思考历史的过程中，深化对历史的认识与判断，是"体验历史"的意义和价值。"体验历史"是有趣的，在情景体验中，学生感受学习历史的乐趣；"体验历史"是思考的，学生能够提出有价值的问题，搜集、整理、分析历史材料，提升思维能力；"体验历史"是开放的，利用课内外学习资源，进行参观游览、调查访问，让学生在体验中感悟、走近历史。

## 第十章　自主体育：让运动成为一种生活方式　/ 159

　　让运动成为一种生活方式，是"自主体育"不懈努力和追求的目标。"自主体育"是参与的，从兴趣培养出发，使得学生对运动充满渴望；"自主体育"是健康的，健体又健心，让健康根植在学生的内心深处；"自主体育"是快乐的，宽松又和谐，让愉悦充盈着学生的心扉；"自主体育"是成长的，学会学习促发展，感受运动的魅力。"自主体育"的愿景就是要快乐积极地运动,让运动陪伴孩子们健康成长。

# 第十一章　享受课堂:引导孩子们享受编程的乐趣　/ 177

"享受课堂"旨在让学生在学习编程语言的过程中享受到乐趣。"享受课堂"是趣味的,其图形化界面、平民化语言能帮助学生理解每条指令的意义;"享受课堂"是丰富的,其动作指令、控制语句、传感响应、数值运算、线程调度等,涉及程序设计的多个方面;"享受课堂"是广泛的,同时具有 Flash 的动画功能、传感和多种响应;"享受课堂"是交流的,学生能在和同学的交流中完成作品。

# 第十二章　幸福心育:为生命的幸福奠定心理基础　/ 193

心理课程是体验幸福的,它应当是实用性、差异性、活动性、延展性和参与性的,让心理学习为学生的幸福生活奠定基础是"幸福心育"的旨趣。"幸福心育"是实用性的,激发思维活力、提升创新能力,引导学生更好地学习和生活;"幸福心育"是差异性的,通过课程的差异化设置,来满足学生个性化的心理需求;"幸福心育"是活动性的,允许学生在活动中探索、体验和感悟;"幸福心育"是延展性的,突破课堂教学的时空概念,让学生将所学迁移到生活中;"幸福心育"是参与性的,鼓励学生通过多样的途径参与到课堂中。

# 前言

## I AM BEST 课程： 让每个孩子拥有更好的生命状态

上海市奉贤区阳光外国语学校建于 2003 年,是奉贤区第一所以英语为特色的九年一贯制学校。学校地处南桥镇的西南端,环境清静幽雅,教学设施齐全完备。学校先后被评为上海市花园单位、上海市安全文明校园、上海市行为规范示范校、区德育五星级学校、全国射箭重点学校、区教师专业发展示范校、区办学水平优质校,连续五年荣获区教育品质奖——"和润品质奖"。学校以"国家情怀、国际视野、阳光成长"为办学理念,不断发展深化"学会学习、主动参与、促进发展"的阳光成长内涵,围绕七彩阳光学子的培育目标而不断深化课程建设,并取得了一定的成效。

### 一、 课程理念： 成就更好的自我

教育重在让人体验成功的快乐,让每个教师和学生在课程中收获成功、体验快乐、成就更好的自己是"I AM BEST"课程的主旨。在尊重个性差异的基础上使学生拥有应对未来世界的关键能力,培养基础扎实、英语见长、健康向上、富有国际视野和创新精神的学子。

"I AM BEST"课程是让每个孩子都走向更好状态的课程,是引导学生感悟最佳、尝试最棒、享受最好的课程,是让每个孩子相信自己、鼓励自己、超越自己的课程,是尊重每个孩子的生命特质、挖掘每个孩子的生命潜能的课程。

每个人都有大于自身的力量。不是因为有些事情难以做到使我们失去了自信,而是因为我们失去了自信,有些事情才显得难以做到。"I AM BEST"课程教育以培养学生的健全人格为目标,运用对学生进行多方面鼓励的方式,达到树立学生信心,充分挖掘他们学习积极性的目的,使所有学生在尝试成功的过程中收获更好的状态,从而有

效地提高教育教学效果。

## 二、 课程目标：让每一个孩子获得更多元的发展

全面发展的人,才能够更好地适应并引领未来社会的发展。学校本着满足学生个性化需求,着眼本校学生特点建构了"I AM BEST"课程体系,以此培养符合新时代社会需求的阳光学子。

学校致力于培养诚信、活泼、向善、有志、笃学、睿智、慎思,且基础扎实、英语见长、健康向上、富有国际视野和创新精神的阳光学子。

**做诚信的阳光学子。**诚信是人类的无形资产,诚信教育对孩子的人生是一种道德的投资。每一个阳光学子都应具有诚实、奉献、谦让、正义的美德。在学校、社区、家庭,自觉遵守校纪校规,积极参加服务社会的志愿活动,诚信待人,真实地展示自己。

**做活泼的阳光学子。**阳光课程注重培养学生活泼向上的进取精神,唤醒他们的主体意识和内趋力,提高学生的主观能动性和创造力,使他们成为教育活动的主体和自我发展的主体。

**做向善的阳光学子。**向善,是人生幸福的工具。阳光教育认可善,模仿善,赞美善,鼓励善,积极构建一个向善的、和谐的教育环境。阳光课程注重培养学生殷殷向善的情操,给予学生拳拳向善的力量,使他们宁静谦和、崇尚良善。

**做有志的阳光学子。**有志者,拥有良好的精神状态以及较强的社会适应能力。每一位阳光学子要有良好的生活情趣、生活态度、生活习惯,有自己的一技之长,有自己的理想追求。他们具有一定的团结协作和社会活动能力,适应自身的发展、社会的发展、时代的发展。

**做笃学的阳光学子。**笃学即专心学习。阳光学子不仅要学、会学,而且乐学、善学;能在开放的学习环境中积极地、主动地、自由地、创造性地学习;能自主选择目标和内容,自主支配学习时间,能动地调控学习策略和思维方法。

**做睿智的阳光学子。**阳光学子是睿智的。他们拥有博大的情怀和国际视野;他们

相信自己,有主见,有很强的抗挫折能力,能勇敢面对失败与磨难;他们热爱生活,尊重他人;他们从容执着,有自己明确的追求目标。

**做慎思的阳光学子。**"学而思之,思而学之。"阳光学子要养成慎思谨学的良好习惯,在对知识进行广泛涉猎的基础上,对所学的知识进行认真的思考,对有所不明的知识追问到底,辨明真伪与良莠,在"学"中多一点虚心,在"思"中多一点创新,做到学思结合,知行合一。

基于中国学生发展核心素养的内涵与要求,对应融合适应本校学生成长需要和学校发展要求的"七维度"核心素养:自我与社会、语言与沟通、身心与健康、科学与技术、历史与人文、数理与逻辑、艺术与审美,使七维度核心素养"落地"学校"I AM BEST"课程体系。

"自我与社会"素养的提升旨在培养学生"乐协作"的能力,鼓励他们走进社会,强化社会参与;培养团队合作精神;提升综合素质与公民能力;形成自信、自尊、自强的品质。

"语言与沟通"素养的提升旨在培养学生"善沟通"的能力,鼓励他们使用母语和外语交流技能;提升自我表达与交际交往能力;培养国家认同感;学会以包容理解的心态进行跨文化对话。

"身心与健康"素养的提升旨在培养学生"健心灵"的能力,培养学生的运动智能、训练运动技能;学会自我管理、健全人格。

"科学与技术"素养的提升旨在培养学生"能探究"的能力,鼓励他们提高科学态度和运用能力;培养自然观察智能,进行探究创新;学会查找、选择、处理、有效利用信息能力;能进行数字信息管理,学会运用数字化、信息化手段。

"历史与人文"素养的提升旨在培养学生"重人文"的能力,鼓励学生了解中国与世界的文明发展进步规律;认识历史发展过程中人与自然的关系;提升文化自信与跨文化知识储备;培养爱国情怀和世界意识;提升对人文科学的研究思维能力。

"数理与逻辑"素养的提升旨在培养学生"勤思考"的能力,训练学生的空间想象和抽象思维能力;提升数学运算和数据分析能力;掌握一定的逻辑推理能力。

"艺术与审美"素养的提升旨在培养学生"会审美"的能力，培养学生的欣赏、审美能力；积累艺术底蕴；激发学生的审美情趣，形成艺术通感。

## 三、课程框架：构建百花齐放的课程

"I AM BEST"课程脱胎于"七彩课程"，以"成就更好的自己"为课程理念，针对"历史与人文、科学与技术、身心与健康、数理与逻辑、语言与沟通、艺术与审美、自我与社会"的七维度核心素养，以课程统整为主要手段，去培养符合新时代社会需求的阳光学子。

"I AM BEST"课程中的 I 代表我，指代的是自我与社会素养的"我 & 社会"课程群；A 代表 activity，指代的是身心与健康素养的"健心行动"课程群；M 代表 mathematics，指代的是数理与逻辑素养的"数理之旅"课程群；B 代表 bridge，指代的是语言与沟通素养的"文化之桥"课程群；E 代表 stem，指代的是科学与技术素养的"STEM"课程群；S 代表 star，指代的是艺术与审美的素养"艺术星空"课程群；T 代表 talk，指代的是历史与人文素养的"时空对话"课程群。

"I AM BEST"课程以不同的呈现方式来规划课程群的教学内容。美国诗人惠特曼曾经深情地说："有一个孩子每天向前走去，他看见最初的东西，他就变成那东西，那东西也变成了他的一部分。"那么，用什么样的课程结构留给学生弥足珍贵的"最初的东西"，并通过这"最初的东西"为学生健康、持续、全面、和谐的发展提供丰富的"可能性"呢？

"我 & 社会"课程群、"文化之桥"课程群以及"健心行动"课程群这三类课程面向全体学生，解决了自我认知、身心健康以及沟通交流的三项基本要求，帮助学生树立起端正合格的三观，同时拥有健康强健的身体和流利沟通交流的能力，并以各类活动展示及社会实践为主要的呈现方式。作为基底向量，意在组合成丰富多元的色彩空间，让每个学生在脚踏实地、稳扎稳打中进取、前行！

丰富多彩的课程，为学生的个性发展创造了无限空间，为学生的聪慧和高尚的人生奠定了坚实的基础。艺术与审美的"艺术星空"课程群让学生赏之怦然心动;数理与逻辑的"数理之旅"课程群让学生试之欣然于色;科技与技术的"stem"课程群让学生玩之乐在其中;历史与人文的"时空对话"课程群让学生行之慨然击股。

"I AM BEST"课程以基础型、拓展型、探究型课程的课堂教学为主要呈现方式,让学生在基础型课程中巩固学科知识,奠定基础;在拓展型课程中专项突破项目活动,强化体验;在探究型课程中放眼身边环境,深化实践。

在2018年颁布的《上海市进一步推进高中阶段学校考试招生制度改革实施意见解读》中,中考指挥棒指向了学生的终身发展素养与综合素质能力。最新增设了跨学科案例分析考试,综合测试中跨学科案例分析命题侧重考察学生综合运用各学科知识分析和解决实际问题的能力,体现学生核心素养培育中的实践创新要求。"一花独放不是春,百花齐放春满园。"富有活力、富有特色的"I AM BEST"课程体系,为学生提供了更加自主、更具个性的成长环境。学子们在这里,个性必将得到发展,素质必将得到提高,为自己的终身发展需要和社会发展需要储备优良的品格和出众的才能。

在当今核心素养导向下的学校改革旨在通过学校课程设置的重新分配,组织教育要素,调整教学秩序,在三类课程中思考基于核心素养培育的课程,提高课程的整体效能。为此,学校设置了面向学生综合能力、跨学科解决问题能力培养的课程,将各类学科以"七维度"核心素养进行再分类,构成了七大课程群,具体如下:

**I-我 & 社会课程群**具体包含中小学道德与法治课程、校本德育课程群。其功能是给学生提供未来发展所需要的核心的道德与法治知识并规范其行为,根据不同阶段学生的认知特点和成长规律,突出行为养成、道德认知、情感体验和理想信念的教育重点,形成分层递进、有机衔接的教育系列,为学生的发展奠定基础。

**A-健心行动课程群**具体包含体育课程、心理学课程群。其功能是既健体,也健心,使学生在生理、心理和社会交往等方面得到协调、健康的发展,以适应现实社会和未来发展的需要。重视培养学生体育健身中的创新精神和实践能力,构建基础扎实、内容宽泛、灵活有效、具有时代特征的健康知识,为学生终身体育意识和能力的形成奠定良好基础。

**M-数理之旅课程群**具体包含中小学数学、物理课程群。其功能是学习终身发展必需的数理基础知识和方法，养成良好的思维习惯，在分析问题和解决问题时尝试运用数理知识和研究方法。观察和认识周围世界的数量关系，建立情境与一般法则的联系，激发学生超越数理规则并能用数理语言进行表达的动机，使数理知识真正成为学生生活和思维的组成部分。

**B-文化之桥课程群**具体包含中小学语文、英语课程群。其功能是积极组织和引导学生走进生活，亲近语言，探究语言之美，提高学生的思维能力和语言表达能力。通过传统文化的熏陶感染，提高学生的思想道德修养和审美情趣，使他们逐步形成良好的个性和健全的人格。帮助学生了解世界和中西方文化的差异，拓展视野，培养爱国主义精神，形成健康的人生观，为他们的终身学习和发展打下良好的基础。

**E-STEM 课程群**包括小学信息科技、初中科学与技术、生命科学、化学课程群。其功能是培养学生的创造思维、动手能力、造型能力、材料认知及科学精神和劳动观念、收集和处理信息的能力、分析和解决问题的能力、交流与合作能力等综合能力。帮助学生了解科学探究的基本过程和方法，发展科学探究能力。培养学生自主探究、勇于实践的科学精神，逐渐形成实事求是的科学态度、严谨扎实的科学作风。

**S-艺术星空课程群**包括中小学音乐、美术、艺术课程群。其功能是在实践、体验、领悟等学习过程中，培养学生的审美情感和审美能力，提高对艺术的人文价值、社会价值与人生价值的理解，不断开拓艺术视野，理解与尊重多元的世界文化。

**T-时空对话课程群**包括中学历史、地理课程群。其功能是培养学生正确的历史观及地理概念，使学生学会辩证地观察、分析历史与现实问题，加深对祖国的热爱和对世界的了解，从历史及地理知识中汲取智慧，养成现代公民应具备的人文素养，以应对时代的挑战。

## 四、课程实施：推进实施载体落地实践

学校在实施过程中进行逐步总结提炼，完善课程体系，课程统整反馈与修缮以及

活动资料整理汇编。通过课堂案例研究,总结研究成果,为统整性课程的全面铺开和经验辐射做好准备。

### (一)通过"阳光课堂"推进"I AM BEST"课程实践

课堂是师生点燃灵感、激发创新、集聚智慧的平台,"阳光课堂"是体现"自然、和润、主动"这三大特征的课堂。教导处进行以"主动参与、讲想练结合"的课堂教学模式的改革,建立了主备—研备—调备—评备的基本备课模型。"阳光课堂"致力于提高学生的操作感悟和学力,完善课堂教学设计,提高课堂效能。课堂上,老师们将学习内容和生活实际、社会现实、科学发展、艺术创造等多元素结合,让学生们跳出教材、走出教室,促使其主动、自觉地学习。学生们在学习中感受到了求知的愉悦、创造的欣喜,课堂教学过程成为师生共享的幸福旅程。

"阳光课堂"是自然的课堂。阳光课堂实践自然、本真、快乐的课堂,追求学段之间的和谐统一,师生关系的和谐统一,核心素养培养的和谐统一。阳光课堂致力于构建师生共同的精神家园,促进学生和教师的幸福感。教师要尽展个人的人格和学识魅力,包括课堂迸发力、凝聚力、课堂向心力,让学生在和谐圆融的阳光课堂中获得美好体验,促进个性发展。

"阳光课堂"是主动的课堂。阳光课堂涵盖多个领域的知识和不同的认识方式,强调学生对科学知识、方法、态度的主动探求、主动发现和主动建构。教师在教学中首先要具有强烈的创新意识和大胆探索的观念,为学生营造出有助于形成创新思维的环境,运用多种手段激发学生的学习兴趣,使教学课堂呈现出积极参与、对话多元、思维深刻的喜人场景,营造生生互动、师生互动的课堂教学氛围,从而给学生创新精神和实践能力的培养提供广阔的空间,构建快乐与和谐、尊重学生的个性差异、尊重学生的个性发展的环境,让每个孩子在一种自然和谐的氛围中享受学习的快乐、生活的快乐,享受最快乐的少年时光。

"阳光课堂"是和润的课堂。阳光课堂坚持"循循滋养、滴滴浸润、启迪心智、导学相长"的教学方式。"和"即教与学的和谐统一、学科之间的和谐统一。

**(二) 通过研发"阳光课程"，丰富"I AM BEST"课程体系**

科研室负责子课程群方案的实践和统筹监控。首先重点推进"趣味化学"和"英语广播"，其他的统整小课程协同跟进在课堂上实施。科研室引导指导教师们总结提炼实践经验，完善课程体系，及时反馈与修缮课程实施的困难和疑惑，并整理汇编活动资料。通过课堂案例研究，总结研究成果，为统整性课程的全面铺开和经验辐射做好准备。

在组织形式上，课程统整设计常常以学生个人关注与社会关注的跨学科交集主题为依据，由教育者和学生合作认定重要的问题和议题，进而在不受制于任何学科界限的情况下围绕这些主题来形成课程组织。一旦整组学生对一份主题清单达成共识，则可进行投票表决，以决定实施的先后顺序。任一主题的相关问题，可从所有小组列出的清单当中进行挑选，进行可能的活动，以寻求问题的解答。一旦确定最后的计划，单元任务也随即完成。当完成每一单元的任务后，小组便可从原来的课程主题清单中挑选下一个主题。在关注点上，课程统整关注的是解决与社会和个人相关的重要问题及事项，而非首先关注知识。课程统整是以重要问题为组织中心，并与学校课程及外在社会相关联，即组织中心提供了知识统整的脉络。相应地，知识也有助于应用和扩展组织中心。在如此有系统的组织下，课程与知识更易获得，这不仅对学生有意义，且能拓展他们的世界观。由此可见，统整课程并不以分数或获取学科知识和技能为最终归宿，而是为了解决真实情境中的问题，在主题活动中培养核心素养，使自身不断发展并适应社会的发展。

**(三) 通过创建"阳光社团"，发挥"I AM BEST"课程魅力**

为培养"诚信、交往、笃学、向善、有志、睿智、慎思"的七彩阳光学子，学校通过创建各类学生社团稳步推进课程实施。在校本七大课程实施的过程中，学校根据不同阶段学生的特点提供分年级"课程实施指南"，每一社团都配有一个"社团导师"，帮助学生完成社团实践活动。

学校开发社团时切合课程实际，追求扬长避短、突出特色，坚持可持续发展。我们组织师生集思广益,根据本校实际情况,充分研究论证,制定切实可行的方案,充分发挥自身的资源以及人员的优势,倾力打造特色社团。努力做到重点建设、重点发展,力争建就建出特色、抓就抓出成果。切忌面面俱到、盲目发展、肤浅敷衍、短期行为。让学生社团建设工作有根有据,实现真正意义上的持续发展。很多社团都积累了多年开办经验,屡获各级各类奖项,成为区域内的标杆。

"智能机器人"课程旨在让学生通过课程学习了解世界先进技术和设备,拓展学生科技视野,运用先进技术改善自身的学习方式,提高学习效率。近年来多次获得市、区级一、二等奖,2019年阳光小创客获"WER"世界锦标赛一等奖,同年成为区级最高星级社团。

"铿锵击乐"民族打击乐队本着"弘扬民族打击乐文化,培养民族打击乐人才"的宗旨,一路成长。乐队特聘了上海民族乐团的打击乐首席演奏家王音睿为专业指导老师,我校的音乐老师夏庆华为日常指导老师。曾有宋之景等8名同学先后被选送区少年宫的民族打击乐队,多次获IPEA打击乐菁英赛的上海赛区合奏少年组一等奖,同为区级最高星级社团。

学校射箭社团秉承"传承中华文化、发展特色少年"的理念,蓬勃发展。连续10年被评为区优秀运动队。我校射箭队在全国射箭重点学校、上海市运动会、上海市射箭锦标赛等多个组别的比赛中获得团体和个人一、二、三等名次的好成绩。有九位同学获得国家一级运动员称号,为市射箭中心和市示范性高中输送了大批人才,2020年获区特色品牌项目称号。

小记者社团外聘区记者团讲师,通过丰富多彩的新闻采访、摄影培养学生社会实践、社会交际的能力,开展专项活动,撰写稿件,培养学生的写作表达能力。对于提高学生的观察能力、社会活动能力、语言表达能力、组织协调能力等颇有益处,给学生提供了交流和社会实践的广阔空间。

英语小主持人社团是以中学生英文报为材料,把学英语的氛围和学生的日常生活联系起来,挑选与生活有关的文章来学习,如中外的服装特色、流行音乐及歌手背景和城市旅游等等。通过朗读、复述、口述等训练,培养良好的语音、语调和语貌,锻炼提高他们的口语表达能力,培养有自己独特风格的英语主持。

创意纸版画社团在传统的纸板材料上进行筛选,寻求更易于表现的绘画材料进行画面表现,让学生体验版画创作的乐趣。多次参加区级拓展课程展示,多名学生用创意纸版画制作的丝绢画作品获最佳创意奖和其他奖项。2018 年创意纸版画作为区共享课程开放。

"中国情结"社团以"七色阳光、七彩人生"的课程理念,通过尝试编制各种精致典雅、造型独特、绚丽多彩的中国结艺,了解它们所蕴含的丰厚的文化底蕴。将传统文化与学生的构思、心思、情意和创意巧妙融合,最终实现"寓情于结,存意于艺"的课程目标。

### (四) 通过"阳光节日",搭建"I AM BEST"课程舞台

学校通过各大节庆活动,丰富学生的生活体验和成长的基石。通过举办"快乐读书节""英语节""体育节""科技节""艺术节"等活动,为学生提供勇敢追梦、施展个性特长的舞台。在每一次的节庆活动中让学生真正活学活用、体验成功,让学生的生命在创设的平台上无尽地绽放。节日课程的推进,我们采用"融通整合、项目推进"的策略。

**快乐读书节**结合"语言与沟通"素养,通过阅读积累语言,激发学生读书的兴趣,让每一位学生亲近书本,学会读书,养成热爱书籍、博览群书的好习惯。并在读书实践活动中,与大师对话,为精神打底,为人生奠基;与经典为友,与博览同行,开拓广阔视野。享受学习的快乐,享受生活的快乐。

**英语节**一直是学校的传统活动,自建校以来,我校在每年年底都要开展一次为期一个月的"快乐英语节"活动。围绕当年的英语节主题,开设英语歌曲比赛、英语小品比赛、班班朗读课文比赛等活动,全体师生共同参与;为了让孩子们在英语学习中找到属于自己的颜色,在每年五月左右举办"英语麦克风"活动,为学生创造贴近实际的、开放性的口语闯关活动,使学生能在真实情境中具体灵活地运用语言,丰富校园文化生活。

**体育节**同样也是自建校来坚持每年举办的运动盛会,在两天的活动中分田赛和径

赛进行比拼,丰富了阳光学子的课余文化生活,增强了班级凝聚力,也是学校全面落实每天锻炼一小时的健身行动计划的成果展示。体育节营造了学校良好的体育文化氛围,进一步推进了学校的体育工作。

**科技节**结合"科学与技术"素养和学校特色社团,在空间思维建构、3D 创意设计、智能机器人等比赛项目中,通过观察、记录和分析学生在各项学习活动中的表现,对学生的参与意识、合作精神、实验操作技能、探究能力、分析问题的思路、知识的理解和应用水平以及表达交流技能等进行综合观察,获胜者将代表学校参加各类市、区级比赛。

**艺术节**以面向全体学生,重在普及为宗旨,通过开展丰富多彩的艺术活动,激发我校学生对艺术的兴趣和爱好,结合区艺术节的要求,开展具有时代特征、校园特色、学生特点的艺术活动。艺术节通常会分为民乐、西乐和钢琴专场的单项赛,每次都有近百位同学登台,为校园增添浓浓的艺术气息。

### (五) 通过"阳光探究",拓展"I AM BEST"课程的空间

在组织形式上,主题式项目化实践活动设计常常以学生个人关注与社会关注的跨学科交集主题为依据,由教育者和学生合作认定重要的问题和议题,进而在不受制于任何学科界限的情况下围绕这些主题来形成课程组织。一旦整组学生对于一份主题清单达成共识,则可进行投票表决,以决定实施的先后顺序。任一主题的相关问题,可从所有小组列出的清单当中进行挑选,进行可能的活动,以寻求问题的解答。一旦确定最后的计划,单元任务也随即完成。当完成每一单元的任务后,小组便可从原来的课程主题清单当中,挑选下一个主题。在关注点上,课程统整关注的是解决与社会和个人相关的重要问题及事项,而非首先关注知识。主题式项目化实践活动是以重要问题为组织中心,并与学校课程及外在社会相关联,即组织中心提供知识统整的脉络。相应地,知识也有助于应用和扩展组织中心。在如此有系统的组织下,课程与知识更易获得,这不仅对学生有意义,且能拓展他们的视野。主题式项目化实践活动并不以分数或获取学科知识和技能为最终归宿,而是为了解决真实情境中的问题,在主题活动中培养核心素养,使自身不断发展并适应社会的发展。

　　我校七大课程群在具体课程实施中针对课程统整设计的实践活动主题：**I‑我 & 社会课程群**主要统整了校园环境、校本德育活动、文化节庆、美术、语文等课程，形成了九年一贯制学校的特色序列化课程。**A‑健心行动课程群**主要统整了音乐、美术、劳技、语文、信息技术、物理、校本德育等学科或课程，形成了丰富有趣的多元课程。**M‑数理之旅课程群**主要统整了艺术、劳技、语文、历史等学科，在关注学生思维逻辑的同时，重视数理的"文脉"，来展现从古至今亘古不变的数理课程魅力。**B‑文化之桥课程群**主要统整了校本节庆活动、历史、劳技、信息技术、科学等学科，专注于学生思维的发展与提升、文化的理解与传承。**E‑STEM 课程群**主要统整了艺术、劳技等学科，主要致力于鼓励学生在科学、技术、工程和数学领域的发展和提高，培养学生的综合素养。**S‑艺术星空课程群**主要统整了校本德育、校园环境、科学、自然等校园资源与学科，在自由开放的社团活动及艺术展演中，展现学生的独特风采。**T‑时空对话课程群**主要统整了艺术、语文、信息技术、校本德育等课程，用情境化的教学、丰富的手段和材料来彰显时空观念的重要意义。

　　总之，超越学科的"I AM BEST"课程体系，是由学校主导、课程项目负责人负责、课程团队协同合作，共同设计和实施的。整个课程将集体课、分组课、分科课等多种课堂形态进行有效融合，为学生提供多元课程的学习空间、阅读资源和技术支架，使学生的个性化学习和探究性学习得以实现，并开展过程性评价、表现性评价和测试性评价，不仅聚焦学生的学科素养，更注重学生的综合素养。

（撰稿者：吴迅雷）

# 第一章

## 阳光语文：让学习充满温情的生活气息

　　让儿童在充满温情的学习氛围中感受语言文字的魅力，是"阳光语文"的使命。"阳光语文"是生活的，它来源于生活，归根于生活，充盈着生活的气息；"阳光语文"是心灵的，它温情地给予学生精神滋养，引领学生精神成长；"阳光语文"是探索的，它是发现问题、解决问题的工具，能让学生更好地探索世界，发掘生活的意义。一句话，"阳光语文"凝聚着对美好生活的探索，对高贵精神的追求，对生活的关注，对人生的思索。

上海市奉贤区阳光外国语学校语文教研组共 34 位教师，其中高级教师 2 人，一级教师 27 人，二级教师 5 人；区级骨干教师 2 人，学校星级教师 7 人。近年来，我校语文教研组认真开展教研活动，积极参加市、区教育主管部门组织的教科研活动，在教科研方面取得了一定成果。同时，我们致力于深化课堂改革，不断凝练课堂文化，在课题研究、论文撰写、课堂教学实践等方面都取得了一定的成绩。我校依据《义务教育语文课程标准(2011 年版)》，推进"阳光语文"课程建设，取得了显著成效。

## 第一节　感受语言文字的温情

### 一、 学科性质观和价值观

《义务教育语文课程标准(2011 年版)》中明确指出："语文课程是一门学习语言文字运用的综合性、实践性课程。义务教育阶段的语文课程，应使学生初步学会运用祖国语言文字进行交流沟通，吸收古今中外优秀文化，提高思想文化修养，促进自身精神成长。工具性与人文性的统一，是语文课程的基本特点。"①

九年义务教育阶段的语文课程，必须面向全体学生，使学生获得基本的语言素养。《义务教育语文课程标准(2011 年版)》同时指出："语文课程应激发和培育学生热爱祖国语文的思想感情，引导学生丰富语言的积累，培养语感，发展思维，初步掌握学习语文的基本方法，养成良好的学习习惯，具有适应实际生活需要的识字写字能力、阅读能力、写作能力、口语交际能力，正确运用祖国语言文字。语文课程还应通过优秀文化的熏陶感染，促进学生和谐发展，使他们提高思想道德修养和审美情趣，逐步形成良好的个性和健全的人格。"

① 中华人民共和国教育部. 义务教育语文课程标准(2011 年版)[S]. 北京：北京师范大学出版社，2011：2.

　　基于这种认识,我们认为,语文课程的核心价值是让学生在生活中学习祖国语言文字的运用。我们打造了"阳光语文"这个平台,引领学生丰富学习经历,提升语言素养,全面提升学生的语文素养。

## 二、 学科课程理念

　　基于我们对语文学科性质观和价值观的认识,我校提出"阳光语文"之主张,我们认为:阳光是万物之本,生命之源。热爱阳光就是热爱生命,热爱生活。阳光照耀万物,赋予万物以生机,如同语文博大精深,能让学生积累丰富的知识,体味深厚的情感,领悟深刻的思想。"阳光语文"就是让学生在灵动而又温情的学习中感受语言文字的魅力,提升语言素养和个人品格。

　　"阳光语文"是生活语文。陶行知曾经提出"生活即教育,社会即学校,要教学做合一"的主张。由此,我们得知课程的内容要来源于生活,还要归根于生活。我校语文课程在开发和实施过程中,注重积累与生活相关的语文知识,让语文学习灵动地充盈着学生的生活。"阳光语文"倡导在生活中学习语文,在语文中感受生活。

　　"阳光语文"是精神语文。"腹有诗书气自华",语文可以让我们获得高贵的精神,获得做人的尊严。"阳光语文"倡导重情性、重意会、重简约、重自悟。"阳光语文"倡导将听说读写浸润到课堂中,融入学生的精神世界里。"阳光语文"注重熏陶感染,将语文知识潜移默化地融入学生的精神世界。"阳光语文"温情地给予学生精神滋养,让学生在学习语言知识及提高语文能力的同时受到熏陶,形成正确的人生观和价值观。

　　"阳光语文"是探索语文。叶圣陶先生认为:教师教各种学科,其最终目的在达到不复需教,而学生能自为研索,自行解决。"阳光语文"倡导学生能在学习中学会发现问题、独立或合作解决问题,并能形成解决一类问题的方法,从而更好地探索世界,发掘生活的意义。

　　总之,"阳光语文"凝聚着对美好生活的探索,对高贵精神的追求,对生活的关注,对人生的思索。我们希望通过"阳光语文"课程的实践，让孩子们感受语言文字的温情。

## 第二节　用语言引领精神成长

《义务教育语文课程标准(2011 年版)》在前言部分指出："语文课程致力于培养学生的语言文字运用能力，提升学生的综合素养，为学好其他课程打下基础；为学生形成正确的世界观、人生观、价值观，形成良好个性和健全人格打下基础；为学生的全面发展和终身发展打下基础。语文课程对继承和弘扬中华民族优秀文化传统和革命传统，增强民族文化认同感，增强民族凝聚力和创造力，具有不可替代的优势。"①在学生个人成长中，语文学科是其个人发展的基础，能让学生积累丰富的知识，并通过优秀文化的熏陶，提高学生的思想道德修养和审美情趣，塑造学生的品格，使其在学习中不断完善和健全自身修养。

### 一、学科课程总体目标

《义务教育语文课程标准(2011 年版)》中第二部分对课程总目标与内容有如下表述：1. 在语文学习过程中，培养爱国主义、集体主义、社会主义思想道德和健康的审美情趣，发展个性，培养创新精神和合作精神，逐步形成积极的人生态度和正确的世界观、价值观。2. 认识中华文化的丰厚博大，汲取民族文化智慧。关心当代文化生活，尊重多样文化，吸收人类优秀文化的营养，提高文化品位。3. 培育热爱祖国语言文字的

---

① 中华人民共和国教育部. 义务教育语文课程标准(2011 年版)[S]. 北京：北京师范大学出版社,2011：2—4.

情感,增强学习语文的自信心,养成良好的语文学习习惯,初步掌握学习语文的基本方法。4. 在发展语言能力的同时,发展思维能力,学习科学的思想方法,逐步养成实事求是、崇尚真知的科学态度。5. 能主动进行探究性学习,激发想象力和创造潜能,在实践中学习和运用语文。6. 学会汉语拼音。能说普通话。认识 3 500 个左右常用汉字。能正确、工整地书写汉字,并有一定的速度。7. 具有独立阅读的能力,学会运用多种阅读方法。有较为丰富的积累和良好的语感,注重情感体验,发展感受和理解的能力。能阅读日常的书报杂志,能初步鉴赏文学作品,丰富自己的精神世界。能借助工具书阅读浅易文言文。背诵优秀诗文 240 篇(段)。九年课外阅读总量应在 400 万字以上。8. 能具体明确、文从字顺地表达自己的见闻、体验和想法。能根据需要,运用常见的表达方式写作,发展书面语言运用能力。9. 具有日常口语交际的基本能力,学会倾听、表达与交流,初步学会运用口头语言文明地进行人际沟通和社会交往。10. 学会使用常用的语文工具书。初步具备搜集和处理信息的能力,积极尝试运用新技术和多种媒体学习语文。①

因此,我们从语文核心素养的四个方面"语言的建构和运用""思维的发展和提升""审美的鉴赏和创造""文化的理解和传承"出发,设置了我校"阳光语文"学科课程总目标:培育热爱祖国语言文字的情感,热爱阅读、广泛阅读,深入探索,积累丰富的语言知识;在发展语言能力的同时,学会学习、主动参与,发展思维能力,提升语言素养和个人品格,促进精神成长。总之,就是用灵动的语言引领精神成长。

具体而言,我校的语文课程目标如下:

**(一)语文显性课程目标**

1. 掌握汉字的基本笔画和常用的偏旁部首,能按笔顺规则用硬笔写字,注意间架结构。初步感受汉字的形体美。努力养成良好的写字习惯,写字姿势正确,书写规范、

---

① 中华人民共和国教育部. 义务教育语文课程标准(2011 年版)[S]. 北京:北京师范大学出版社,2012:3—4.

端正、整洁。学习独立识字。能借助汉语拼音认读汉字,学会用音序检字法和部首检字法查字典。能用毛笔书写楷书。

2. 对文本能够整体把握,在朗读中通过品味语言,从而体会作者及作品中的情感态度;能用恰当的语气、语调朗读,表现自己对作者及其作品情感态度的理解;在理解课文的基础上,能够多角度、有创意地阅读,拓展思维空间,提高阅读质量;并能运用合作的方式,共同探讨、解惑;培养学生广泛的阅读兴趣,扩大阅读面,增加阅读量,提高阅读品位。

3. 学会观察生活,有自己的感受和思考;能够真实表达,自由表达,创意表达;能够做到恰当选材、列纲起草、详略得当、用语规范、修改润色,提高独立写作的能力。

4. 在具体情境中学会交流、互动和分享,培养口语交际能力;能注意对象和场合,做到文明交流;学会倾听,理解对方的观点和意图;能清楚表述自己的观点,注意表情、语气、表达方式,增加表达效果;能积极发表自己的看法,并有针对性地发表意见。

5. 联系生活中的实际问题开展学习活动,对听说读写能力进行整合;主动、积极参与实践,通过查找资料、讨论、分析等方法解决问题,培养策划、组织、合作和实施的能力;能用文字、图表、图画、照片、视频等展示学习成果,以此来提升自身综合运用语文知识的能力。在生活中学习语文,在语文中感受生活。


## (二) 语文隐性课程目标

1. 语文课程与教学要引导学生在文学作品的鉴赏活动中感受大千世界和美丽人生的多姿多彩,从中积淀丰富的审美体验、陶冶性情、涵养心灵;同时,还要启发学生深入言语,悉心品味作为语文课程的本质要素——言语形式之美,并在这言语形式中养成特色化和创造性的言语表达能力,能用闪烁着灵性和智慧的言语形式去创造具有独特审美价值的精神世界,给人带来新的审美享受;引导学生感受传统文化之美,激发他们初步的审美体验,培养他们高尚的审美情趣。

2. 语言文字不仅是思维的工具,还是思维的直接显示和思维的外化形式,一切学科培养思维能力都要以语言为载体。小学阶段要引导学生在听说读写实践活动中初步培养语文思维。初中阶段则要引导学生形成对客观事物的感知以及对语言和文学形象的判断；能通过概括、比较等方法，培养思维的灵活性、深刻性、批判性和创造性。同时要让学生认识到中华文化的丰厚博大，汲取民族文化智慧，增强民族自豪感和爱国情怀，传承民族优良文化传统，提升文化眼光。

## 二、学科课程年段目标

根据《义务教育语文课程标准（2011 年版）》的要求，结合我校语文学科课程总目标和 1—9 年级的学情，我们制定了 1—9 年级的学科课程目标。在此，我们以八年级语文课程目标为例（见表 1 - 1）。

表 1 - 1 "阳光语文"课程目标表

| 年级段＼学期目标 | 上学期目标 | 下学期目标 |
|---|---|---|
| 八年级 | **第一单元**<br>共同要求：<br>1. 了解常见新闻体裁的基础知识；初步形成一定的新闻阅读能力，学会撰写新闻作品。<br>2. 锻炼捕捉新闻线索、抓住新闻热点的能力，养成关注现实、关心时事、自主思考的习惯。<br>3. 形成求真务实、冷静客观的思维方式，学会准确、言必有据地表达。<br>校本要求：<br>1. 注重指导学生学会写标题和导语。<br>2. 提高策划组织、分工合作、交流沟通的能力，建立自主评价的标准。<br>3. 了解讲述的意义和作用，掌握讲述的基本原则，掌握常用的讲述方法。<br>4. 能使用硬笔书写楷书和行书。能用毛笔书写楷书。 | **第一单元**<br>共同要求：<br>1. 感知课文内容，理解民俗的价值和意义。<br>2. 分析课文的写作方法，体会多种表达方式和综合运用。<br>3. 品味课文中富于表现力的语言，培养语感，积累语言材料。<br>校本要求：<br>1. 课外研读优秀的名著作品，提取值得模仿、借鉴的内容，进行仿写。<br>2. 养成读写结合的好习惯，通过模仿、借鉴优秀作品，提高自己的写作水平。<br>3. 创设情景，开展应对实践。<br>4. 能使用硬笔熟练地书写楷书和行书。能正确用毛笔书写楷书。<br>**第二单元**<br>共同要求：<br>1. 激发科学探究的兴趣，培养敢于质疑 |

7

| 学期目标<br>年级段 | 上学期目标 | 下学期目标 |
| --- | --- | --- |
| | **第二单元**<br>共同要求：<br>1. 了解回忆性散文、传记，从文中人物的生平事迹中汲取精神营养，丰富自己的生活体验。<br>2. 抓住回忆性散文和传记内容真实、事件典型、注重细节等特点，把握阅读方法。<br>3. 学习课文刻画人物的方法，尝试在自己的写作中借鉴运用；品味风格多样的语言，提高赏析能力。<br>校本要求：<br>1. 学会选择典型的事例来表现人物的个性特点，通过记言述行，展现人物风貌。<br>2. 学写传记，学习在真实的基础上合理发挥想象，适当描写，思考人生经历，提升人生境界。<br>3. 进行课外名著阅读，学习有选择性地阅读。<br>**第三单元**<br>共同要求：<br>1. 学习古人歌咏山水的优美篇章，净化心灵，陶冶情操，激发对祖国山川的热爱，培养高尚的审美情趣。<br>2. 反复诵读，整体感知，借助联想和想象，仔细品味诗文，体会作者的情怀。<br>3. 借助注释和工具书自主阅读古诗文，积累常见文言实词和虚词。<br>校本要求：<br>1. 养成观察的习惯，学习从多方面观察景物，抓住景物特征的方法。<br>2. 尝试运用多种手法，结合各种感官的感受，从不同角度描写景物。<br>3. 体会情景交融的感染力，尝试描写景物时恰当地融入情感。<br>**第四单元**<br>共同要求：<br>1. 感知课文内容，理解作者对生活的感 | 问难、自主思考的品格。<br>2. 理清文章的说明顺序，筛选主要信息，读懂文章阐述的事理。<br>3. 学习分析、推理，了解科学探索的方法。<br>校本要求：<br>1. 了解说明顺序的种类。学写事理性说明文，安排合适的说明顺序。<br>2. 学会仔细观察社会生活，查找资料，整合信息，培养科学严谨的写作态度。<br>3. 搜集资料，撰写宣传低碳生活的文稿，制作宣传材料，开展宣传活动。<br>**第三单元**<br>共同要求：<br>1. 阅读古代诗文名篇，了解古人的思想、情趣，感受其智慧。<br>2. 借助注释和工具书读通课文，在此基础上反复诵读，把握诗文的丰富内涵，体味语言之美。<br>3. 随文理解和积累文言常用词语，积累文言实词、虚词。<br>校本要求：<br>1. 研读课外古诗文，获得丰富而深刻的感悟，并能明晰而有条理地表达出来。<br>2. 写读后感，做到感受有深度、有新意，并能用阅读积累和生活经验印证。<br>3. 声情并茂诵古诗，别出心裁品古诗，分门别类辑古诗。<br>**第四单元**<br>共同要求：<br>1. 学习演讲词，理解其观点，把握演讲词的主要特点。<br>2. 了解写作演讲稿的常见技法，运用阅读所得，学习撰写演讲稿。<br>3. 学习演讲的技巧，进行演讲实践。<br>校本要求：<br>1. 选择中外著名的演讲词进行课外阅读。 |

| 学期<br>目标<br>年级段 | 上学期目标 | 下学期目标 |
|---|---|---|
| | 悟和思考，丰富自己的精神世界。<br>2. 了解不同类型散文的特点，把握各类散文在写法上的独特之处。<br>3. 反复朗读课文，品味语言，培养对散文语言的赏析能力。<br>校本要求：<br>1. 学会运用关联词、提示语进行句子之间的衔接连贯。<br>2. 学会围绕一个话题展开写作，注意段落内部的语句连贯。<br>3. 学会围绕中心合理安排写作顺序，保持文章整体的连贯性。<br>4. 针对互联网的问题展开讨论，互相启发，学会多角度、多渠道获取资料。<br>**第五单元**<br>共同要求：<br>1. 感受说明文求真求实的理性精神，激发对自然与社会的探索兴趣。<br>2. 把握说明文的文体特征，了解常见的说明方法，学会抓住特征来说明事物。<br>3. 体会说明文语言的准确、周密，增强思维的条理性与严密性。<br>校本要求：<br>1. 学习写科普说明文，能体现事物特征，合理使用多种说明方法。<br>2. 了解复述与转述的含义和区别，学习简单复述。<br>3. 注重写作过程中搜集素材、构思立意、列纲起草、修改加工等环节，提高独立写作的能力。<br>**第六单元**<br>共同要求：<br>1. 阅读古代诗文名篇，感受古人的智慧和胸襟，提升自己的精神品格。<br>2. 掌握阅读古诗文的方法，反复诵读积累、品味，提高阅读古诗文的能力。<br>3. 积累常见文言词语和名言警句。 | 2. 学写演讲词，写好开头、结尾，清楚地表达思路和内容层次。<br>3. 进行演讲比赛，能清楚表述自己的观点，注意表情、语气、表达方式，增加表达效果。<br>**第五单元**<br>共同要求：<br>1. 了解游记的特点，把握游记的基本要素，熟悉游记的写作与多样的风格。<br>2. 感知文章所写的景物特点，理解作者对景、人、事的感悟与思考。<br>3. 揣摩品味课文的语言，欣赏、积累精妙的语句，领会游记多样化的语言风格。<br>校本要求：<br>1. 学会合理安排游记写作的顺序，使文章有层次、有条理。<br>2. 多角度观察生活，抓住景物或者游览场所的特点来写，突出重点，详略得当。<br>3. 在记叙文中，适当运用议论、抒情等手法表达自己的思想情感。<br>4. 理解即席讲话的特点和要求，掌握即席讲话的要领和方法。<br>**第六单元**<br>共同要求：<br>1. 反复诵读，培养文言语感。<br>2. 注意积累常用文言词语和句式，欣赏课文中精彩的语句。<br>3. 学习古人论事说理的技巧，体会他们的人生感悟，从中得到思想启迪和情感陶冶。<br>校本要求：<br>1. 学写故事，刻画有特色的人物，发挥联想与想象，丰富故事细节，增加故事的吸引力。<br>2. 学会借助工具书认真阅读相关资料，正确解读"和"的内涵。 |

| 学期目标 年级段 | 上学期目标 | 下学期目标 |
|---|---|---|
| | 校本要求：<br>1. 学习根据读者对象的特点和应用的场合，来清楚表述自己的观点。<br>2. 初步了解感谢信、邀请函、倡议书以及演讲稿等实用文的特点，根据其特点选择得体的表达方式与内容。<br>3. 学会搜集资料，撰写申请报告，在班级召开模拟答辩会。 | 3. 通过调查、采访等活动，搜集体现"和"文化的事例，探寻出和文化的真谛。<br>4. 进行名著阅读，学会用思维导读的方法进行情节梳理。 |

## 第三节  触摸美丽的语言艺术

我校"阳光语文"课程框架依据课程体系，主要分为基础性课程和拓展性课程。基础性课程主要培养学生终身发展和适应未来社会所需的共同基础；拓展性课程主要满足学生的个性化学习需求，开发和培育学生的潜能和特长，培养学生的自我认知和自我选择能力。

### 一、学科课程结构

依据《义务教育语文课程标准(2011 年版)》在"从'识字与写字''阅读''写作'(第一学段为'写话'，第二、第三学段为'习作')'口语交际'四个方面提出的要求，以及课程标准提出的'综合性学习'的要求"，结合我校七彩课程理念以及语文学科课程理念，我们以国家课程为基础，在"阳光识写、阳光品读、阳光写作、阳光交际、阳光实践"五个方面进行课程构建，为孩子设计了精彩纷呈的学习活动，让他们在活动中触摸美丽的语言艺术，从而形成语文学科"阳光语文"课程群(见图1-1)。

图1-1 "阳光语文"课程结构图

**（一）阳光识写**

让学生掌握汉字的基本笔画和常用的偏旁部首，能按笔顺规则用硬笔写字，注意间架结构。初步感受汉字的形体美。努力养成良好的写字习惯，写字姿势正确，书写规范、端正、整洁。学习独立识字。能借助汉语拼音认读汉字，学会用音序检字法和部首检字法查字典。能用毛笔书写楷书。

**（二）阳光品读**

培养学生对文本能够整体把握，在朗读中通过品味语言，从而体会作者及作品中的情感态度；能用恰当的语气语调朗读，表现自己对作者及其作品情感态度的理解；在理解课文的基础上，能多角度、有创意地阅读，拓展思维空间，提高阅读质量；并能运用合作的方式，共同探讨、解惑；培养学生广泛的阅读兴趣，扩大阅读面，增加阅读量，提高阅读品位，滋养精神。

### (三) 阳光写作

培养学生多角度观察生活,发掘生活的意义,有自己的感受和思考;能够真实表达,自由表达,创意表达;能够做到恰当选材、列纲起草、详略得当、用语规范、修改润色,提高独立写作的能力。推进以读促写的写作系列,在注重学生体验的课堂上,对学生进行潜移默化的人文素质教育。

### (四) 阳光交际

创设情境,培养学生学会交流、互动和分享,培育口语交际能力;注意对象和场合,做到文明交流;学会倾听,理解对方的观点和意图;能清楚表述自己的观点,注意表情、语气、表达方式,增加表达效果;能积极发表自己的看法,并有针对性地发表意见。提升学生的口语交际能力,培养阳光般温暖、热情的学生。

### (五) 阳光实践

联系生活中的实际问题开展学习活动,对听说读写能力进行整合;主动、积极参与实践,通过查找资料、讨论、分析等方法解决问题,培养策划、组织、合作和实施的能力;能用文字、图表、图画、照片、视频等展示学习成果,以此来提升自身综合运用语文知识的能力。

## 二、 学科课程设置

我校语文学科校本化实施的思路是以阅读为抓手,通过提升阅读课堂教学品质、课内外阅读书目规划、师生共读、创编课本剧等学习、走向社会等形式,进而全面提升语文阅读和写作能力。我们根据一到九年级学生的不同年龄特点和知识特点,有针对性地设定不同的主题,纵向来看,由浅及深地体现螺旋上升,横向来看,涵盖各年级五个维度的学习,体现环环相扣。具体课程设置如下(见表 1 - 2)。

表1-2 "阳光语文"课程设置表

| 年级/学期 | | 阳光识写 | 阳光品读 | 阳光写作 | 阳光交际 | 阳光实践 |
|---|---|---|---|---|---|---|
| 一年级 | 上 | 学写拼音 | 拼拼读读 | 看图写句 | 你说我听 | 牙牙学语 |
| | 下 | 看拼音,写汉字 | 拼读擂台 | 看图写话 | 传话游戏 | 小小说吧 |
| 二年级 | 上 | 基础说文解字 | 走进童话 | 仿写句子 | 人云亦云 | 开心菜园:学翻土 |
| | 下 | 硬笔楷书入门 | 童话世界 | 情景写话 | 娓娓道来 | 花花世界 |
| 三年级 | 上 | 说文解字初探 | 走进寓言 | 儿歌诵读 | 欢乐喜剧人 | 广告词赏析 |
| | 下 | 硬笔楷书尝试 | 寓言天地 | 儿歌创作 | 快乐大本营 | 名人名言赏析 |
| 四年级 | 上 | 体味说文解字 | 快乐书吧 | 蓓蕾初放 | 海阔天空 | 对联趣事 |
| | 下 | 软笔楷书入门 | 悦读经典 | 青青校园 | 谈天说地 | 俗语探究 |
| 五年级 | 上 | 深入说文解字 | 佳句赏析 | 酸甜苦辣 | 说长论短 | 演绎经典 |
| | 下 | 软笔楷书尝试 | 细嚼慢咽 | 情满人间 | 唇枪舌剑 | 生活宝典 |
| 六年级 | 上 | 硬笔楷书练习 | 绘声绘色 | 我爱我家 | "找朋友" | 开心菜园:学观察 |
| | 下 | 软笔楷书尝试 | 名著导读 | 身边的故事 | 新华小记者:学选材 | 我们的节日:中国传统文化 |
| 七年级 | 上 | 探索说文解字 | 唇枪舌战 | 我的朋友们 | 赛出风采 | 开心菜园:学种植 |
| | 下 | 软笔楷书练习 | 中外名著赏析 | 校园故事 | 新华小记者:学采访 | 我们的节日:宣传传统节日 |
| 八年级 | 上 | 实践说文解字 | 人间词话 | 少年情怀 | 朗读者 | 经典名著和影视作品欣赏 |
| | 下 | 硬笔行书入门 | 引经"剧"典 | 关注社会 | 新华小记者:学写作 | 我们的节日:表达态度 |
| 九年级 | 上 | 咬文嚼字 | 明清小说导读 | 记叙文序列写作 | 诗词大会 | 阳光伴我行 |
| | 下 | 软笔隶书入门 | 中外戏剧导读 | 中考应试写作 | 六月的骊歌 | 我们的节日:节日大辩斗 |

## 第四节　点燃语文学习的火花

依据《义务教育语文课程标准（2011 年版）》的相关要求，我校"阳光语文"课程实施分为必修课与选修课，其中必修课以课堂实施，选修课主要以社团形式实施。通过打造"阳光课堂"、建设"阳光课程"、创设"阳光社团"、建设"阳光语文节"、推行"阳光语文之旅"等多种路径推进课程实施，通过创设多元情境，感受语言文字的智慧与神奇，点燃语文学习的火花。

### 一、 打造"阳光课堂"，提升语文课程实施品质

在原有的课堂文化基础上，学校进行了课堂教学文化的重新调整，聚焦学生核心素养，致力于创设具有求真尚美、知行合一特质的"阳光课堂"，更多地关注到学科核心素养，体现出充实、丰实、平实和真实的"四实"特征，进一步明确语文学科课堂建设的方向。

#### （一）"阳光课堂"的特点

1. 真实。阳光课堂以人为本，强调学生是真正的主人，教师与学生是平等的对话者、沟通者、引导者、互动者、意义的建构者，在互动的交往过程中触动着彼此的心灵，实现着真正的教育。在阳光课堂上，学生的学习是有意义的。真实的标准是看学生课前与课后是否有变化，有多大变化。在情感交流、思维碰撞中实现着知识的增长、能力的提升和人格的养成，师生双方坦诚相待、共同合作、相互尊重、积极探究、不断进取，都能充分享受到教学的乐趣，共同实现智慧的生成和生命的升华。

2. 充实。课堂情境是极为复杂的。从不同的角度看待课堂，实际上展示的是不

同的场景,而且总是处于一种流变的状态,每一节课都是不可重复的激情与智慧综合生成的过程。教师与学生的心态在变化,知识经验的积累状况在变化,这是对师生智慧的挑战,要求师生必须根据变化的情形调整自己的行为,充分发挥他们的创造才能,将自己独特的、不可为他人所取代的智慧融入课堂中,从而进行创造性的教学和创造性的学习,继而深深地感受到自己作为创造者的尊严和快乐。充实就是指对多少学生有效,效率有多高。

3. 丰实。"阳光课堂"是师生共同探究知识、关注课程生成和建构的课堂。教学内容不再是"钢性"的,而是通过师生不断建构生成的。学生知识的获得是积极主动的建构生成过程。在教学过程中,师生共同创设以知识生成为中介的交往情景,在交往中就"共同文本"生成的不同意义进行阐释和交流,促进知识意义的建构和活动主体的发展。

4. 平实。课堂中的师生作为一个个充满情感、活力、个性的生命体,他们的地位是平等的。教师和学生、学生和学生之间都应该充分尊重对方的人格、情感,自由地进行交往对话。教师通过对学习过程与效果的观察,大体反馈出教师课堂教学的得失,为教师课中、课后的教学反思提供有利条件。

### (二)"阳光课堂"的实施

构建"阳光课堂",让语文课堂由教师"一言堂"向灵动、光明而又温情的课堂改变,而这些改变需要多方面的努力与实施。具体如下:

1. 加强集体备课,促进校本教研。中小学语文教研组长、备课组长应带领学科教师定期定时进行集体备课活动,集思广益,推进学校校本教研,以"阳光语文"课堂为核心,统一主题,开展不同形式、不同目的的拓展课,在不断实践、反思中提升课堂实效。

2. 创新课堂形式,注重语文生活化。在教学实践中,教师要学习并创新多种课堂形式,如"探究式课堂""合作式课堂""问题式课堂"等。同时注重与生活有关的语文知识,倡导在生活中学习语文,在语文中感受生活,全面提升学生的语文素养,让学生在新颖有趣的课堂活动中,对语文与生活的联系有更深刻的理解。

3. 研发校本教材，激发学生探索。学习语文首先是教科书学习，但教科书受篇幅的限制，所选文章数量不可能太多，难以满足大量阅读的需要。据此情况，教师研发编写校本教材如《读一读，拼一拼》《古诗词鉴赏》，立足于课内，让学生把课堂上获得的知识和能力，举一反三，用到在课外遇到的问题上，能自为研索、自行解决，从而能更好地探索世界，发掘生活的意义。

4. 注重课堂浸润，滋养学生精神。语文可以让我们获得高贵的精神，获得做人的尊严。"阳光语文"倡导重情性、重意会、重简约、重自悟；"阳光语文"倡导将听说读写浸润到课堂中，注重熏陶感染，潜移默化，融入学生的精神世界里；"阳光语文"是滋养学生精神的课程，让学生在学习语言知识及提高语文能力的同时受到熏陶，形成正确的价值观。

## 二、 建设"阳光课程"，丰富学科课程内涵

"阳光课程"以"1 + X"的模式建设，它是在基础课程之上，根据学校办学理念和学情所开设的多个拓展课程。

"阳光课程"的创建直指语文学科核心素养，以学生发展需求为出发点，体现出由低到高、由浅入深的内在逻辑，各课程相辅相成，环环相扣。

"阳光课程"以整合的方式对丰富的课程资源进行选择、创新，形成"用教材教"的大语文理念。有统一的目标，相同的主题，因时而教，因地制宜，采用一篇带多篇、问题驱动、共同写法进行主题式学习。

"阳光课程"整合其他学科，发展嵌入类课程。嵌入类课程具有形式多样，时间灵活等特点。我们的"阳光识记"就是在晨读、午读、课前 5 分钟等时间开展活动嵌入实施短小课程；利用"学生活动周"的实施模式，各年级选择将周三、周四、周五的下午最后一节课设定为拓展探究课，实施各门课程的整合和深度探究，以学生的活动为主要课程形式，体现了"做中学"。

"阳光课程"由学生自主选择，促进其个性发展。走班式的自主选择课程充分体现

了学生学习的主体性,以兴趣为导向,将选择权交给学生,学生可以在每学期开学第一周在网上选课。"阳光课程"以丰富的课程门类、优良的课程品质吸引课程学生,着力适应每一个学生的全面发展,提升每一位老师的专业素养。每周一到两节课的课时为走班的学生提供了时间和空间上的保证。

### 三、 创设"阳光社团",发展学科兴趣爱好

我校尊重学生的个性发展和独特体验,给予阳光学子"基础＋爱好""合格＋特长"的培养模式,将开展社团活动作为学校课堂教育的外延,不仅能充分发挥学生的个性风采,锻炼学生的管理能力,还有利于塑造学生完善的人格,实现"阳光下,我们快乐成长"的理念。基于此,我校语文学科以创办社团为途径,满足学生个人发展需求,培养有家国情怀的学生。

在中小学语文教研组成员的共同商议之下,我们一改过去的兴趣型社团的形式,向探索型、专业型发展,促进精神成长。特创办晨曦文学社、经典吟诵、"剧"动我心、"文心墨苑"书法社等语文社团,涵盖写作、阅读等领域;语文社团的组织形式和活动方式也各有特色。

晨曦文学社:主要是举行文学知识讲座、竞赛、采风、社会实践、经验交流等系列听、说、读、写活动,拓展学生的视野,提升人文情怀,激发写作兴趣。

经典吟诵社团:以了解我国传统文化为载体,弘扬中国传统文化,感受其博大情怀。

"剧"动我心社团:以名著为载体,通过表演的方式,创设情境,让学生走进经典、感悟经典,培养学生的创新意识和创新能力,为学生个人风采展示提供舞台,同时进一步提高课文的演读能力,体悟人物内心的丰富情感。

"文心墨苑"书法社:点在聚墨,主在领悟,重在交流,旨在提高,活在运用。以"营造书香校园,促进和谐发展"为追求目标,以写字教育为切入点,促进学生综合素养全面提升,扎实推进学校素质化教育进程,张扬学生个性,发展特色教育。培养学生良好的书写习惯,营造浓厚的写规范字的氛围,培养出一批学生书写能手和尖子。

基于以上社团的开展,我校语文组出台了相应的社团章程、学生社团管理制度等,努力使社团工作有章可循,逐步摸索出贴近学生实际需求、符合学生社团发展规律的方法。

## 四、 建设"阳光语文节",浓郁学科课程氛围

为了丰富学生课余生活,滋养学生精神世界,实现从"阅读"到"悦读",我校以"阳光语文节"活动为载体,让每个学生参与、感受、体验传统文化,培育爱国情怀,从而提升自我文化素养。具体活动设计如下表(见表1-3)。

表1-3 "阳光语文节"活动设计表

| 活动名称 | 活动内容 | 组织实施 |
|---|---|---|
| 经典诵读比赛 | 《三字经》、童谣(小学)经典诗歌、词曲、文赋(中学) | 各年级每周开设一次诵读课,以学生报名为主,老师推荐为辅,统一时间地点进行比赛。 |
| 书法大赛 | 以"小小书法家"为主题开展书法比赛,分硬笔和软笔两个项目 | 纸张由学校统一筹备,硬笔作品统一用A4纸书写,各班推选出两名同学的作品进行校内展示。 |
| 课本剧表演 | 以课文为主要内容,由学生自导自演,老师给出建议 | 教师挖掘教学资源,选定课文,然后组织学生踊跃参加,并选出适合的演员,通过2—3周的时间进行演练,最后进行展示。 |
| 征文比赛 | 以观后感、读后感为主,也可写身边人、身边事,抒发自己的感受 | 征文文体不限,题目自拟,要求是抒发真情实感,分小学组、中学组进行评比。 |
| 古诗词大赛 | 诗词大PK,飞花令,古诗对战 | 选取特定教师,4人一组,每周利用特定时间在学生活动室进行,对学生进行学习和心理上的指导。 |

## 五、 推行"阳光语文之旅",联动家庭与社会

"阳光语文"倡导在生活中学习语文,在语文中感受生活。"阳光语文之旅"就是要联动家庭和社会为学生营造语文学习的氛围,让学生在多元的环境中通过多种渠道感

受语文、学习语文。让学生在充满真、善、美的环境中陶冶情操、健康成长。

"阳光语文之旅"关注家庭。家庭生活是学生学习的摇篮，只有将语文实践和家庭生活结合起来，语文学习才有源头活水。只有在关注家庭生活的基础上，才能激发学生语文学习的热情。

"阳光语文之旅"关注社会。语文学习之旅，也是语文思维之路，社会大环境能激发学生对已知的验证、对未知的探索，让学生从社会生活中发现语文，从而创造语文。只有放眼社会，视野广博才能形成深刻的思维。"阳光语文之旅"实现了语文学科的大视野和大格局，体现让学生在灵动而又温情的学习中感受语言文字的魅力，提升语言素养和个人品格这一学科理念。

基于学情和学年段特点，我们以"寻访文学大师的足迹"和"新华小记者"两个活动作为载体，在全校九个年级落实推行"阳光语文之旅"，实现与家庭、社会的联动。

### （一）寻访文学大师的足迹

我们力求让学生在寻访中以语文知识为突破口，激发学生对文学大师生平与作品的兴趣与理解；在实践中掌握更多元的语文学习方法和文学视野；让学生形成良好的实践学习习惯（见表1-4）。

表1-4　"寻访文学大师的足迹"活动表

| 年级 | 寻访地点 | 活动目标 | 活动方式 |
|---|---|---|---|
| 四、五年级 | 巴金故居 | 了解巴金的生平和文学成就；了解巴金在此处完成《随想录》《团圆》等作品的时代背景和作品价值。 | 体验活动、口头表达 |
| 六、七年级 | 鲁迅故居 | 了解鲁迅的生平、文学成就、精神与气节；了解鲁迅的坚韧抗争和理性批判；了解鲁迅小说、杂文的基本特点。 | 体验活动、创作活动 |
| 八、九年级 | 张爱玲故居 | 了解张爱玲的生平和文学成就；知道张爱玲的文学历程；明白个人的发展与社会发展的关系，交流心得体会。 | 体验活动、创作活动、反思表达 |

### (二)"新华小记者"

在不断变化的社会中,学生学的不仅仅是知识、技术和能力,他们渴望在更多的学习环境中丰富自己的视野,参与到不断变化的社会中,小记者社团在提高学生的观察能力、社会活动能力、语言表达能力和组织协调能力等方面颇有益处,给学生提供了交流和社会实践的广阔空间。我校"新华小记者"通过聘请专业人员进行相应的授课,每周分别安排了5—6节学科类、活动类、专题教育及班团队活动,每学期2周的社区服务和社会实践的内容,从中小学学生中选拔出21个学生,以小记者活动为阵地,使其广泛接触社会,通过探索"菌菇王国"、参访奉贤区公安消防支队南桥中队、"走进国球大讲坛"、梦想风帆新华小记者五天四晚夏令营、走进极地科普馆、模拟新闻发布会、开展小小辩论赛等具体活动,使学生从中获得一种感受、养成一种品质、学到一种本领,培养其乐观、自信、向上的人生态度。

总之,我们依据《义务教育语文课程标准(2011年版)》构建了"阳光语文"课程建设方案,详细制定课程目标。通过打造"阳光课堂"以提升语文课程实施品质,建设"阳光课程"以丰富学科课程内涵,创设"阳光社团"以发展学科兴趣爱好,建设"阳光语文节"以浓郁学科课程氛围,推行"阳光语文之旅"以联动家庭与社会。于老师而言,我们既是课程的探索者也是学习者,我们在课程的建设中不断汲取新的思想和理念,不断提高、成长。对学生而言,"阳光语文"的实施让学习充满灵动而又温情的生活气息,我们希望学生在学习的过程中能够感受到语文如同阳光般的特色,热爱阳光,热爱生命,热爱生活,让我们的学生能够成为有家国情怀、国际视野的阳光好少年。

(撰稿者:朱小燕　孙　萍)

**第二章**

_____ _____

韵味数学： 让数学学习有滋有味

　　数学是有独特韵味的,它应当是有趣、有味、有文化感的。让数学学习有滋有味是"韵味数学"的旨趣。"韵味数学"是有趣的,它是激发学生学习兴趣,引发学生数学思考的数学活动;"韵味数学"是生活的,它从实际背景中抽象出数学问题,提升孩子的数学思维品质;"韵味数学"是美的,它关注孩子数学知识技能的获得,以数学的方式去品赏数学中的美;"韵味数学"是有文化感的,它结合数学史,滋养心境,让孩子的心灵在数学学习中得以绽放。

上海市奉贤区阳光外国语学校数学教研组，现有教师 24 人，其中高级教师 3 人，一级教师 18 人，包括区学科中心组成员 1 人，区骨干教师 3 人，区卓越教师 2 人，教学新秀 1 人，其中 1 人担任学校教导主任。我们是一支富有经验的教师队伍，努力踏实、孜孜不倦地研究教学。在《义务教育数学课程标准（2011 年版）》的引领下，我们推进数学学科课程建设，取得了良好的成效。

## 第一节　数学是有独特韵味的

### 一、学科性质观和价值观

《义务教育数学课程标准（2011 年版）》指出："义务教育阶段的数学课程是培养公民素质的基础课程，具有基础性、普及性和发展性。数学课程能使学生掌握必备的基础知识和基本技能，培养学生的抽象思维和推理能力，培养学生的创新意识和实践能力，促进学生在情感、态度与价值观等方面的发展。义务教育的数学课程能为学生未来生活、工作和学习奠定重要的基础。"[①]

基于这种认识，我校数学课程的核心价值是提供学生特有的运算符号和逻辑系统；提供学生认识事物数量、数形关系及转换的不同路径和独特的视角；提供学生发现事物数量、数形关系及转换的方法和思维的策略；提供学生一种在数学学科的学习中经历和体验并建立起来的独特的思维方式。总之，数学是有独特韵味的，数学应当是有趣味、有韵味、有滋味的。

---

① 中华人民共和国教育部. 义务教育数学课程标准（2011 年版）[S]. 北京：北京师范大学出版社，2011：1—2.

## 二、　学科课程理念

基于上述观点，我们提出"韵味数学"之学科课程理念，"韵味数学"让数学有滋有味。

"韵味数学"是有趣的。它围绕学生的学习特点以及学生的认知规律和心理特征，有针对性地开展活动，激发学生学习兴趣以引发学生思考。

"韵味数学"是有生活味的。它定期针对不同年级、不同数学知识点，以实际生活为背景从中抽象出数学问题，提升学生的数学思维品质与关键能力。

"韵味数学"是有美味的。它是一门滋养学生心灵，提升审美的课程，它关注学生数学知识技能的获得，满足他们的情感，以数学的方式去品赏生活中的美。

"韵味数学"是有文化味的。它结合数学史，不仅传递知识，也滋养心境，让学生的心灵在数学的学习中得以绽放。

总之，"韵味数学"凸显数学学习的"趣味"、关联数学与生活的"生活味"、让学生潜移默化地品味数学教学中的"美味"、体会数学知识的"文化味"，充分挖掘教材资源，以此来体现数学教学的本质，努力构建有滋有味的数学课堂。

## 第二节　成为智慧的数学学习者

依据《义务教育数学课程标准（2011年版）》，从知识技能、数学思考、问题解决、情感态度四个维度设置了"韵味数学"课程总体目标，组织学生进行深度探究学习，体验有意义的学习过程，整体理解所学内容，促进知识建构和方法迁移，发展数学思维，在解决问题的过程中提升数学核心素养，形成正确的情感、态度和价值观，成为智慧的数学学习者。

## 一、 学科课程总体目标

《义务教育数学课程标准(2011 年版)》中第二部分对课程总目标与内容有如下表述：通过义务教育阶段的数学学习，学生能：

1. 获得适应社会生活和进一步发展所必需的数学的基础知识、基本技能、基本思想、基本活动经验。

2. 体会数学知识之间、数学与其他学科之间、数学与生活之间的联系，运用数学的思维方式进行思考，增强发现和提出问题的能力、分析和解决问题的能力。

3. 了解数学的价值，提高学习数学的兴趣，增强学好数学的信心，养成良好的学习习惯，具有初步的创新意识和科学态度。[①]

我校将"韵味数学"课程目标分解制定如下：

知识技能目标：经历数与代数的抽象、运算和建模等过程，掌握数与代数的基础知识和基本技能；经历图形的抽象、分类、性质探讨、运动、位置确定等过程，掌握图形与几何的基础知识和基本技能；经历在实际问题中收集和处理数据、利用数据分析问题、获取信息的过程，掌握统计与概率的基础知识和基本技能；参与综合实践活动，积累综合运用数学知识、技能和方法等解决简单问题的数学活动经验。

数学思考目标：建立数感、符号意识和空间观念，初步形成几何直观和运算能力，发展形象思维与抽象思维；体会统计方法的意义，发展数据分析观念，感受随机现象；在参与观察、实验、猜想、证明、综合实践等数学活动中，发展合情推理和演绎推理能力，清晰地表达自己的想法；学会独立思考，体会数学的基本思想和思维方式。

问题解决目标：初步学会从数学的角度发现问题和提出问题，综合运用数学知识解决简单的实际问题，增强应用意识，提高实践能力；获得分析问题和解决问题的一些基本方法，体验解决方法的多样性，发展创新意识；学会与他人合作交流；初步形成评

---

① 中华人民共和国教育部. 义务教育数学课程标准(2011 年版)[S]. 北京：北京师范大学出版社，2011：8.

价与反思的意识。

　　情感态度目标：积极参与数学活动，对数学有好奇心和求知欲；在数学学习过程中，体验获得成功的乐趣，锻炼克服困难的意志，建立自信心；体会数学的特点，了解数学的价值；养成认真勤奋、独立思考、合作交流、反思质疑等学习习惯，形成实事求是的科学态度。[①]

## 二、 学科课程年段目标

　　根据《义务教育数学课程标准（2011 年版）》的要求，结合我校数学学科课程总目标和1—9 年级的学情，我们设计了数学课程年段目标。在此，我们以六年级数学课程目标为例（见表 2-1）：

表 2-1　"韵味数学"课程目标表

| 学期目标　　　　　年级段 | 上学期目标 | 下学期目标 |
|---|---|---|
| 六年级 | **第一章　数的整除**<br>共同目标：<br>1. 通过观察、比较的过程，理解整除的意义。<br>2. 通过具体事例和问题概括，经历因数、倍数、奇数、偶数、素数、合数、分解素因数、最大公因数、最小公倍数等概念的形成过程；通过分析和对比等方式，揭示这些概念间的联系和区别，培养思维能力。<br>3. 掌握求最大公因数和最小公倍数的算理和方法，初步感受如何用它解决实际问题。 | **第五章　有理数**<br>共同目标：<br>1. 理解有理数的概念。<br>2. 会用数轴上的点表示有理数，理解相反数和绝对值的概念，完善有理数大小的比较方法，体会数形结合的思想。<br>3. 经历确立有理数的加、减、乘、除、乘方运算法则的过程，掌握有理数加、减、乘、除的运算法则和运算律以及有理数乘方的概念和运算法则，会用科学计数法表示较大的数。<br>4. 能够正确、合理地运用有理数的运算法则和运算律进行运算。 |

---

　　① 中华人民共和国教育部.义务教育数学课程标准（2011 年版）[S].北京：北京师范大学出版社，2011：8—9.

| 学期目标　　　　年级段 | 上学期目标 | 下学期目标 |
|---|---|---|
| | 4. 通过丰富的实例,体验数学与日常生活的密切联系,初步感受如何运用数学的思维方式去观察、分析现实社会,去解决生活中的一些问题,增强应用数学的意识,体会数学与自然及人类社会的密切联系,了解数学的价值,增强对数学的理解。<br><br>**校本目标:**<br>丰富数学学习的活动经验和成功体验,激发对学习数学的信心和好奇心,初步形成积极参与、主动与他人交流合作的意识和态度。<br><br>**第二章　分数**<br>**共同目标:**<br>1. 理解分数的意义以及分数与除法的关系。<br>2. 探求并掌握分数的基本性质,并能熟练地进行约分、通分。<br>3. 初步体会数形结合思想,能用数轴上的点表示分数;会比较分数的大小。<br>4. 经历、探索分数加、减、乘、除的运算法则、运算律的过程;能灵活运用运算法则、运算律进行分数的加、减、乘、除及混合运算的计算。<br>5. 探索并掌握分数与小数的互化规律;能运用分数及其运算解决简单的应用问题。<br><br>**校本目标:**<br>1. 能从几何角度体会分数的意义,体会数形结合的数学思想。<br>2. 能从统计图、表中获取有效信息,读懂图、表中数据的意义,再运用分数的知识解决问题;体验数学和现实生活的联系。<br>3. 在探究、分析应用题的过程中培养思维能力,体会方程思想。 | **校本目标:**<br>1. 利用计算器对有理数的有关规律进行探究,并会使用计算器解决较为繁难的有理数计算问题。<br>2. 在学习、探索的过程中,增强相互合作的意识,提高运用数学语言进行表达与交流的能力,养成良好的学习习惯。<br><br>**第六章　一次方程(组)和一次不等式(组)**<br>**共同目标:**<br>1. 理解方程和方程组的有关概念,能判别一元一次方程、二元一次方程、二元一次方程组和三元一次方程组。<br>2. 通过运用等式的性质和有理数的运算律,探索在有理数的范围内解一元一次方程的过程,熟练地掌握一元一次方程的解法。<br>3. 在学会解一元一次方程的基础上,初步掌握运用"化归"思想解二元一次方程组和三元一次方程组,掌握"消元法"。<br>4. 通过举例分析的方法,初步了解字母"代"数的意义,经历将实际应用问题抽象为代数方程问题的过程,初步掌握用代数方法解应用题的基本步骤。<br>5. 理解不等式的基本性质以及一元一次不等式的有关概念,能与解一元一次方程进行类比,熟练地解一元一次不等式,并会用数轴表示不等式的解集。<br>6. 理解一元一次不等式组的概念,并能熟练地解一次不等式组。<br><br>**校本目标:**<br>1. 通过实例以及解决实际问题的过程,体验不等式是解决实际问题的有力工具,并对不等式的模型有一个初步了解。<br>2. 认识方程模型,会用方程的思想处理简单的实际问题,即列简单的一次方程(组)解应用题。 |

续表

| 学期目标 年级段 | 上学期目标 | 下学期目标 |
|---|---|---|
| | **第三章 比和比例**<br>共同目标：<br>1. 理解比和百分比的有关概念，了解比和百分比的意义。<br>2. 理解比例的概念和基本性质，会解决简单的比例问题。<br>3. 了解百分比在生活中的简单应用，会解决有关比和百分比的简单问题，并从中体会数学与现实生活的联系。<br>4. 在具体的问题情境中，渗透思想品德教育。<br>5. 了解等可能事件，学习用数量来描述一个事件发生的可能性的大小，初步体会概率思想。<br>校本目标：<br>1. 了解百分比在生产、生活中的应用，进行爱国主义、勤俭节约等思想教育。<br>2. 通过对求可能性大小的公式的探究，体会数学与实际生活的紧密联系，激发学生学习数学的兴趣。<br>**第四章 圆和扇形**<br>共同目标：<br>1. 通过点的运动认识圆的特征，理解圆、圆弧、扇形等概念。<br>2. 通过操作实验活动，对圆的周长和面积，弧长与扇形的面积等公式进行验证。<br>3. 掌握圆的周长和面积、弧长与扇形的面积等公式，会用公式进行简单度量问题的计算。<br>4. 体会近似与精确的数学思想，了解数学实验的研究方法。<br>5. 通过操作实验活动，感悟教材知识渗透的"化曲为直"和"无限逼近"的数学思想。<br>校本目标：<br>通过操作实验活动，发展相互合作的意识和运用数学语言进行表达与交流的能力。 | **第七章 线段和角的画法**<br>共同目标：<br>1. 理解线段、角的概念，并能用数学符号表示。<br>2. 掌握线段、角的大小的比较方法及线段、角的和、差、倍的画法。<br>3. 理解线段的中点、角的平分线的概念，掌握它们的画法，会用尺规作已知线段的中点、角的平分线。<br>4. 理解余角、补角的概念及相关的命题，并会进行相关的计算。<br>校本目标：<br>1. 直观与实验操作相结合，初步运用几何作图的基本语句说理表达。<br>2. 通过线段与角的画法的对比学习，初步学习数学中的类比思想。<br>**第八章 长方体的再认识**<br>共同目标：<br>1. 通过观察，进一步认识长方体的元素及其特征，掌握长方体直观图的一般画法及其表示方法。<br>2. 通过观察长方体中棱、面之间的位置关系，直观认识空间两条直线的三种位置关系，认识线面、面面的平行和垂直关系，并会用数学符号表示，知道一些简单的检验方法，形成初步的空间观念。<br>校本目标：<br>1. 确立空间思维能力，能看懂立体图形和想象能力。<br>2. 体会数学与生活的密切联系，关心现实世界中的数学现象，激发学习数学的兴趣。 |

## 第三节　设计富有韵味的数学活动

我校"韵味数学"分为基础型课程和拓展型课程。基础型课程是为了满足所有学生的共同数学需求；拓展型课程旨在提高学生的数学兴趣和数学素养，在教师指导下自我学习，供数学爱好者和学有余力的学生选择。我校数学拓展型课程将数学学习与生活紧密结合，设计富有韵味的数学活动，将数学文化融入数学的学习中。

### 一、学科课程结构

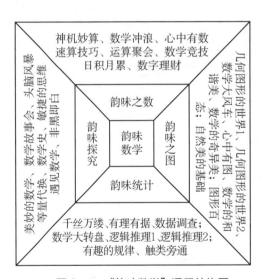

图 2-1　"韵味数学"课程结构图

《义务教育数学课程标准（2011 年版）》在各学段中，安排了四个部分的课程内容："数与代数""图形与几何""统计与概率""综合与实践"。[①] 依据"韵味数学"课程理念，夯实学生数学学科知识与技能，开发学生的潜能与特长，提升学生深度思考问题的能力。我校结合学生年龄特点及认知规律，在学科知识的深度、广度、厚度上进行二次开发，形成"韵味之数、韵味之图、韵味统计、韵味探究"四大领域为核心的课程体系（见图 2-1）。

① 中华人民共和国教育部. 义务教育数学课程标准（2011 年版）[S].北京：北京师范大学出版社，2011：4.

韵味之数：让学生在生活情境中了解数的意义；交流算法，表达想法；在解决问题的过程中选择合适的方法进行估算、探索给定情境中隐含的规律或变化趋势。

韵味之图：让学生掌握图形的判定和性质并解决问题；让学生掌握图形的变化并结合图形与坐标理解图形的运动。

韵味统计：让学生收集、整理、描述和分析数据，了解数据处理的过程；通过表格、折线图、趋势图等感受随机现象的变化趋势，了解事件的概率。

韵味探究：让学生结合实际情境设计解决具体问题的方案，体验建立模型、尝试发现、提出并解决问题；让学生参与活动的全过程，将研究的过程和结果形成报告或小论文，进一步获得数学活动经验。

## 二、 学科课程设置

为拓展学生的数学视野，完善学生的数学知识体系，激发学生数学学习的兴趣，我们设计了富有韵味的数学活动，分配到各个年级的课程内容结构图如下（见表2-2）。

表2-2　"韵味数学"课程设置表

| 年级 | 课程内容 | | | |
| --- | --- | --- | --- | --- |
| | 韵味之数 | 韵味之图 | 韵味统计 | 韵味探究 |
| 一年级第一学期 | 数字迷宫 | 认识图形 | 小小分类员 | 数学绘本 |
| 一年级第二学期 | 数字规律 | 画画图形 | 小小统计师 | 趣味游戏 |
| 二年级第一学期 | 计算小能手 | 剪拼图形 | 统计体验 | 制作年历 |
| 二年级第二学期 | 神机妙算 | 图形探秘 | 测量狂热 | 生活数学 |
| 三年级第一学期 | 计算游戏 | 拼嵌图形 | 小小调查员 | 人文数学 |

| 年级 | 课程内容 | | | |
|---|---|---|---|---|
| | 韵味之数 | 韵味之图 | 韵味统计 | 韵味探究 |
| 三年级<br>第二学期 | 算理大比拼 | 割补图形 | 制作条形统计图 | 巧手制作 |
| 四年级<br>第一学期 | 数感地带 | 有趣的图形 | 小小分析师 | 数学小实验 |
| 四年级<br>第二学期 | 看谁算得巧 | 玩转图形 | 制作折线统计图 | 创作小能手 |
| 五年级<br>第一学期 | 巧妙计算 | 图形的计算 | 调查报告 | 制作思维导图 |
| 五年级<br>第二学期 | 运算奥秘 | 图形解密 | 概率统计 | 小小设计师 |
| 六年级<br>第一学期 | 日积月累 | 图形百态 | 千丝万缕 | 遇见数学 |
| 六年级<br>第二学期 | 数字理财 | 自然美的基础 | 有理有据 | 非黑即白 |
| 七年级<br>第一学期 | 速算技巧 | 数学的和谐美 | 数据调查 | 等量代换 |
| 七年级<br>第二学期 | 运算聚会 | 数学的奇异美 | 数学大转盘 | 数学史 |
| 八年级<br>第一学期 | 数学竞技 | 几何图形的世界 1 | 逻辑推理 1 | 敏捷的思维 |
| 八年级<br>第二学期 | 神机妙算 | 几何图形的世界 2 | 逻辑推理 2 | 美妙的数学 |
| 九年级<br>第一学期 | 数学冲浪 | 数学大风车 | 有趣的规律 | 数学故事会 |
| 九年级<br>第二学期 | 心中有数 | 心中有图 | 触类旁通 | 头脑风暴 |

## 第四节 创设多姿多彩的数学情境

《义务教育数学课程标准(2011 年版)》指出：数学教学应根据具体的教学内容,注意使学生在获得间接经验的同时能够有机会获得直接经验,即从学生实际出发,创设有助于学生自主学习的问题情境,引导学生通过实践、思考、探索、交流等获得数学的基础知识、基本技能、基本思想、基本活动经验,促使学生主动地、富有个性地学习,不断提高发现问题和提出问题的能力、分析问题和解决问题的能力。[①] "韵味数学"课程分为必修课与选修课两类,选修课主要以拓展课、社团形式开展。通过构建"韵味课堂"、建设"韵味课程"、设立"韵味数学周"、打造"韵味社团"、开展"韵味讲题赛"等多种路径推进课程实施。本着趣味性、知识性和实践性的原则,创设多姿多彩的数学情境,培养学生的数学学习能力,提升学生的数学核心素养。

### 一、 建构"韵味课堂",提升学科课程品质

"韵味课堂"注重学生学习的经历与体验,加强数学应用,强化动手操作能力,提升数学核心素养,开发学生自身潜能,发挥学生的创造性,促进学生学习与实践的和谐发展。

"韵味课堂"是有趣的。教师在教学过程中借助各种教学手段,运用多种方法创设宽松、愉悦的课堂教学氛围,引发学生自主探索。注重学生的生活情趣,让学生自己发现、探索、解决问题,享受创造的乐趣。

"韵味课堂"是生活化的。教师选取一些与学生学习生活紧密联系的知识,源于生

---

① 中华人民共和国教育部. 义务教育数学课程标准(2011 年版)[S]. 北京：北京师范大学出版社,2011：42.

活又高于生活,引导学生站在生活的角度去思考问题、解决问题,让学生在学习中获得自信、体会富有生活味的数学,引导学生研究数学。

"韵味课堂"是体验的。教师在课堂上注重实践、创设贴近学生生活实际的、具体形象的问题情境,充分发挥学生的主体作用,调用各种感官让学生去体验感受,促进学生体验学习的成功。

"韵味课堂"是开放的。教师注重引领学生去自主探究,培养独立、完整并具有个性的人。课堂中尊重学生的选择、倾听学生的心声、体现学生学习的自主性;引导学生亲历数学知识的个性化建构,让学生参与到自主学习中来,促进学生主动、生动、活泼的发展。

"韵味课堂"是对话的。教师注重与学生的对话,帮助学生对知识点进行吸收,通过师生对话教学方式,让学生从精彩的对话中学到知识技能,又让学生体验到看似枯燥无味的数字和文字,也是感性的、有人情味的、有生命活力的,提高学生学习数学的兴趣,打造和谐高效的数学课堂。

## 二、 建设"韵味课程",丰富学科课程体系

我们以"数学之趣味"为主题,借助游戏、动手操作、新颖练习等方法做好小学和初中数学的衔接,使学生对初中数学乐学不疲。

我们以"数学之生活味"为主题,从学生的生活实际出发,植根于数学与学生现实生活境遇。比如:让数学帮你理财、电冰箱冷藏室设置几度最省电、赌马中的数学问题等。

我们以"数学之美味"为主题,让数学所特有的抽象概念、公式符号和思维方法在数学学习的活动中体现它的简洁美、和谐美、严谨美、奇异美。比如:用电脑展示有平行线物体的画面,让学生也试着用平行线去画出你眼中的美,构造异样的美丽。

我们以"数学之文化味"为主题,介绍一些有关数学发现与发展的知识,丰富学生对数学发展史的认识。比如:介绍历史上各种记数法,让学生体会十进制记数法的优

越性；介绍七巧板的有关实例，特别是古人给出的七巧板构图，让学生感受几何构图的优美和祖先的智慧；介绍圆周率的历史，渗透数学思想和文化，丰富学生的情感体验，培养学生严谨的学习态度。

### 三、 设立"韵味数学周"，让校园拥有浓厚的数学文化

我们把五月的第二周定为"数学周"，"数学周"活动包括每个班的数学墙报评比和数学大闯关。通过举办校园"数学周"，激发学生对数学的兴趣，给学生一个展示自我的平台，营造良好的数学学习氛围，丰富校园生活，让学生在丰富多彩的活动中主动参与，展示自我风采，把数学学习从课堂延伸到生活中来，生活中有数学，数学中有生活气息。

一是数学墙报。我们自主设计的数学墙报，包括"数学名人传""数学趣味知识""数学名言"等固定板块，教室内的黑板报创设为数学园地，刊出一些数学故事、数学日记、数学你问我答以及一些与教材内容相配套的数学知识等。通过数学墙报的布置，学生们在活动中体验数学的快乐，了解数学墙报主题的内涵。

二是数学大闯关。数学大闯关以班级为单位，在"数学周"的周五下午进行活动，有"逃亡大冒险"，它让趣味和惊险相伴，学生们为了"胜利大逃亡"，开动脑筋，运用平时掌握的数学知识，思考计算，找到可行之路；有"数字成语"活动，让学生从一个个成语中找到数字，快速说出一个个乘法算式；有"数字迷"活动，让学生在写着一道道数学题的小纸条上面，找到自己喜欢的题目，用心计算、认真琢磨、给出正确答案。这些活动让学生们在游戏中找到快乐，在快乐中学到知识，在竞争中学会合作，在合作中学会团结。

### 四、 打造"韵味社团"，让学生的兴趣得以施展

"韵味社团"以综合性学习为主要内容，以学生的趣味性主题活动为主要形式。开

展数学社团活动能丰富学生的精神生活，拓宽他们的知识面，提高学习数学的兴趣，培养数学应用能力与合作意识，增强勇于克服困难的信心，还能关注学生的身心健康，发展学生的兴趣和特长，增长才干，让学生在活动中求发展，在发展中求创新。

畅游数海社团。让学生在社团活动中把枯燥的数学学习以联系生活的形式展开，让学生在团队游戏中学习数学，通过丰富的活动、大量的动手操作实践，在合作互动中感悟数学知识的形成。

神算手社团。计算是数学的核心，计算能力是每个孩子具备学习数学的基本能力，在每个年级中开展一系列的计算竞赛，计算心得交流，提高学生的数感，让学生对学习数学充满信心。

数学小灵通社团。在小灵通社团活动中，开展数学的讲座，讲讲身边数学家的故事，发现生活中的数学问题，让学生在社团活动中感受到生活中处处有数学，进一步实现数学的应用价值。

数学创新思维社团。在数学创新思维社团活动中，发挥学生的聪明才智，把所学知识综合运用起来，创造一些富有意义的作品。比如：在学习基本图形的基础上，创造出一些富有创意的美丽图案；让学生测量学校旗杆的高度等，旨在培养学生的动手操作能力和创新能力。

我们的数学社团注重运用数学知识解决实际问题，争取在不断探索总结的基础上，升华我校数学社团的活动质量，使得社团活动的成员在每次活动中都能有收获。根据学生报名情况，我校数学社团分为两个小组，两组统一活动方案，每次活动结束后及时总结活动内容，由易到难。教师对活动的进度进行适时的总结，为孩子们搭建一个挑战数学、亲近数学、多维视角玩转数学的平台。在社团老师的帮助下，孩子们自己开展主题探究，享受思维的乐趣，数学思维品质得到提升。

## 五、 开展"韵味讲题赛"，提升学生的数学素养

我校"韵味讲题赛"贯穿于整个数学教学实践中，我们除了强调怎样解题，更重视

如何讲题（讲题意、讲思路、讲解法等）。数学讲题比赛活动在每个年级每学期末举行，在讲题比赛活动中，给他们足够的机会和平台，学生们自己选题，自己设计，一起讨论、演练，在比赛中展现出学生清晰的数学逻辑思维，有条有理，落落大方，做到真正展示自我。数学讲题比赛既体现了基础性，有利于学生"四基"的培养，又体现了启发性和灵活性，激发学生对数学的学习欲望。"韵味讲题赛"活动，从不同视角丰富孩子对数学的理解和表达，帮助孩子认识数学价值，形成良好的数学情感。

总之，"韵味数学"从学生已有的生活经验出发，将课堂与生活紧密联系起来，引导学生把数学知识应用到实践中，让数学知识生活化。"韵味数学"在实际的教学中注重培养学生学数学、用数学的能力，让学生带着数学的眼光去发现生活的奥秘，探索世界的未来，培养学生的核心素养，开拓学生的生活视野。

（撰稿者：张　炜　褚羽羽）

# 第三章

## 七彩英语： 用英语打开多彩世界之门

　　英语是工具性和人文性相结合的学科，是意义与生活的有机结合。"七彩英语"是有情景的，它让学生学以致用，在熟悉的生活情景中感受英语交流的重要性；"七彩英语"是有人文温度的，它让学生了解相关的人文知识和英语表达，从而进一步了解各国的文化差异；"七彩英语"是重交际的，它引导、鼓励学生运用英语去交流和交际；"七彩英语"是开放的，它让学生感受到语言是时代发展的产物，并让学生与时俱进、保持终身学习的态度。

上海市奉贤区阳光外国语学校英语教研组现有 28 名教师，均为本科学历，其中高级教师 4 人，一级教师 16 人，二级教师 8 人。5 名在学校担任行政管理工作，2 名为区卓越教师。组内教师既有丰富的教学经验，又有充沛的教学热情，更有旺盛的教学精力，是一支朝气蓬勃、积极向上的队伍。我们根据《义务教育英语课程标准（2011 年版）》《教育部关于全面深化课程改革落实立德树人根本任务的意见》的文件精神，推进我校英语学科课程建设，取得了显著成效。

## 第一节　让儿童看见英语的色彩

### 一、 学科性质观和价值观

英语是一门工具性学科。学习语言是为了运用语言进行交际，交际就是运用语言去做事情，去完成有实际目的的任务。《义务教育英语课程标准（2011 年版）》指出，基础教育阶段英语课程的总体目标是：通过英语学习使学生形成初步的综合语言运用能力。综合语言运用能力的形成建立在学生语言技能、语言知识、情感态度、学习策略和文化意识等素养整体发展的基础上。语言知识和语言技能是综合语言运用能力的基础，文化意识是得体运用语言的保证。情感态度是影响学生学习和发展的重要因素，学习策略是提高学习效率、发展自主学习能力的保证。①

同时，英语也是一门人文性很强的学科。《义务教育英语课程标准（2011 年版）》在充分肯定英语的工具性与知识性之外，阐明了外语教学的性质"英语课程承担着提高学生综合人文素养的任务，即学生通过英语课程能够开阔视野，丰富生活经历，形成

---

① 中华人民共和国教育部. 义务教育英语课程标准（2011 年版）［S］. 北京：北京师范大学出版社，2012：8.

跨文化意识,增强爱国主义精神"①。这就把英语学科从运用语言的交际工具性学科上升到以交际工具性为主并兼有传授语言知识、文化生活背景知识,还具有开阔眼界的思想性以及提高文化素养和培养智力的发展性的综合性学科。

英语学科是工具性和人文性相结合的一门学科。英语是多元的、可用的、与生活结合的工具,是多样的、具有文化性的学科。因而,英语学科的教学内容应该尽可能丰富多彩、涉及各方面知识,做到贴近学生实际、贴近生活。英语学科的教学过程应该是情境化的,以达到让学生学以致用的目的。

## 二、 学科课程理念

基于上述观点和论述,我校在教学实践的基础上,形成了"七彩英语"的学科理念,力求让学生看见英语的色彩。

我校的"七彩英语"学科理念,倡导教师引导学生在情景中体会英语学科的魅力,让学生通过听、说、读、写的训练,学习真正实用的英语,为自己打开了解世界之门。

"七彩英语"是有情境的。学生在特定的情境、任务、问题中学习英语。教师让学生学以致用,让他们身临其境地运用语言、在熟悉的生活情景中感受英语交流的重要性,了解日常生活英语,提高英语听说能力,运用英语解决一些简单、实用的问题,如问路、看病、订餐等。

"七彩英语"是有人文温度的。初中阶段的英语内容包罗万象,以节日文化英语、饮食文化英语、生活英语、科技和自然科学英语等内容为主题,了解相关的人文知识和英语表达,从而进一步了解各国的文化差异和学习尊重他国文化的理念。

"七彩英语"是重交际的。随着国家的进一步开放,经济文化交流的进一步深入,需要运用英语的领域也越来越多,作为语言交流的工具,要引导、鼓励学生运用英语去交流和交际,并从节日文化、饮食文化等多个渠道了解英语、学习英语,感受学好英语的重要性。

---

① 中华人民共和国教育部. 义务教育英语课程标准(2011 年版)[S]. 北京:北京师范大学出版社,2012: 2.

　　"七彩英语"是开放的。语言是发展的，从奥运会英语到世博会英语再到进博会英语，英语学习也需要顺应时代发展的需要，通过了解这些重大活动的基本英语用语、职业体验和参观学习，让学生感受到语言是时代发展的产物，并能与时俱进、保持终身学习的态度。

<br>

## 第二节　感受丰富多彩的语言世界

### 一、学科课程总体目标

　　《义务教育英语课程标准(2011年版)》指出："以语言技能、语言知识、情感态度、学习策略和文化意识等五个方面共同构成的英语课程标准总目标，既体现了英语学习的工具性，也体现了其人文性；既有利于学生发展语言运用能力，又有利于学生发展思维能力。"[①]因此，为了让学生感受丰富多彩的语言世界，我们将"七彩英语"课程总体目标设置如下：

### (一)语言技能目标

　　从听、说、读、写四个方面来发展的语言技能方面的能力。能听懂接近正常语速、熟悉话题的语段，识别主题，获取主要信息；能听懂简单故事的情节发展，理解其中主要人物和事件；能根据连续的指令完成任务；能听懂广播、电视中初级英语教学节目；能根据提示给出连贯的简单指令；能引出话题并进行几个回合的交谈；能在教师的帮助下或根据图片提示用简单的语言描述自己或他人的经历；能正确地朗读课文；能理解简短的书

---

　　① 中华人民共和国教育部. 义务教育英语课程标准(2011年版)[S].北京：北京师范大学出版社，2012：8.

面指令，并根据要求进行学习活动；能读懂简单故事和短文并抓住大意；能初步使用简单的工具书；能正确使用常用的标点符号；能使用简单的图表和海报等形式传达信息；能参照范例写出或回复简单的问候卡和邀请卡；能用短语或句子描述系列图片，编写简单的故事。

### （二）语言知识目标

了解语音在语言学习中的意义；了解英语语音，包括发音、重读、连读、语调、节奏等内容；在日常生活中做到语音语调基本正确、自然流畅；根据读音拼写单词和短语。了解英语词汇包括单词、短语、习惯用语和固定搭配等形式；理解和领悟词汇的基本含义以及在特定语境中的意义；运用词汇描述事物、行为和特征，说明概念等。了解常用语言形式的基本结构和常用表意功能；在实际运用中体会和领悟语言形式的表意功能；理解和掌握描述人和物的表达方式；初步掌握描述时间、地点、方位的表达方式；理解掌握比较人、物体及事物的表达方式。在日常生活中恰当理解和表达问候、告别、感谢和介绍等交际功能；在日常人际交往中有效地进行表达。熟悉与学生个人、家庭和学校生活密切相关的话题；熟悉有关日常生活、兴趣爱好、风俗习惯、科学文化等方面的话题。

### （三）情感态度目标

具有使用英语进行交际的意识并乐于实践。具有较强的学习能力，能解决学习中遇到的困难。能与他人合作，完成学习任务。具有较强的接受外来文化的意识，了解中外文化的基本差异。

### （四）学习策略目标

英语学习策略分为认知策略、调控策略、交际策略和资源策略。认知策略是指学生为了完成具体学习任务而采取的步骤和方法，其主要作用是优化人的认知过程，即认识事物、理解事物的过程。调控策略是指学生对学习进行计划、实施、反思、评价和调整的策略。交际策略是学生为了争取更多的交际机会、维持交际以及提高交际效果而采取的各种策略。资源策略是学生合理并有效利用多种媒体进行学习和运用英语的策略。

善于获得学习资源、充分利用学习资源是外语学习中很重要的环节之一。

### (五) 文化意识目标

知道英语中最简单的称谓语、问候语和告别语。对一般的赞扬、请求等做出适当的反应。知道国际上最重要的文娱和体育活动。知道英语国家中最常见的饮料和食品的名称。知道主要英语国家的首都和国旗。了解世界上主要国家的重要标志物。了解英语国家中重要的节假日。[①]

## 二、学科课程年段目标

基于以上学科课程总目标，结合教材和教参的内容，我们制定了学科课程年段目标，为让学生感受丰富多彩的英语语言世界提供依据。下面，我们以七年级为例，具体如下表(见表 3-1)。

表 3-1 "七彩英语"课程目标表

| 学期<br>目标<br>年级段 | 上学期目标 | 下学期目标 |
|---|---|---|
| 七年级 | Unit 1　Relatives in Beijing<br>共同要求：<br>1. 能够用英文谈论亲戚的相关内容，如：年龄、居住地等。<br>2. 学会运用现在完成时来描述过去发生的事情对现在产生的影响。<br>3. 能够针对所听语段的内容记录简单的信息。<br>校本要求：<br>1. 能够用英文简单介绍北京、上海的主要旅游景点。 | Unit 1　Writing a travel guide<br>共同要求：<br>1. 通过活动了解上海主要景点名称和位置。<br>2. 通过阅读旅游手册，了解其特有的文本特征，包含地理位置、交通、活动等内容。<br>3. 通过对上海主要景点的讨论，尝试给出个性化的建议。<br>4. 通过运用 if 条件状语从句，丰富旅游景点内容的描述。 |

---

① 中华人民共和国教育部. 义务教育英语课程标准(2011 年版)[S]. 北京：北京师范大学出版社，2012：8—24.

| 学期目标 年级段 | 上学期目标 | 下学期目标 |
|---|---|---|
| | 2. 能够简单介绍自己亲戚和朋友的情况。<br>**Unit 2 Our animal friends**<br>共同要求：<br>1. 能用一般过去时态描述过去发生的事情。<br>2. 能用一般过去时态表达自己的喜好。<br>3. 能通过图片、上下文来猜测一些单词所表达的意思。<br>校本要求：<br>1. 能用英语讨论 SPCA 是如何关爱动物的以及动物是如何帮助人类的。<br>2. 能够根据课文内容，进行角色表演。<br>**Unit 3 Friends from other countries**<br>共同要求：<br>1. 能用英文谈论有关拜访其他国家的一些问题。<br>2. 学会不同国籍的英文表达。<br>3. 学会用数量词来表示人口的多少。<br>4. 通过和笔友写信，学会在日常交际中，注意到中外文化异同。<br>校本要求：<br>1. 能使用不同国籍和不同国家的人的英语表述方式。<br>2. 通过和笔友写信，关注中外文化的异同，加深对中国文化的理解。<br>**Unit 4 Jobs people do**<br>共同要求：<br>1. 能用英文就工作的话题进行简短的对话。<br>2. 能使用表示职业的名词来区分不同人的职业。<br>3. 能借助图片、图像等听懂关于职业的录音材料。<br>4. 能根据上下文猜测新单词的词义。<br>校本要求：<br>1. 了解不同职业的内涵，了解不同的职业对社会有哪些贡献。 | 校本要求：<br>1. 能用英语介绍自己的家乡——上海。<br>2. 通过课文学习，加深对上海的了解和热爱。<br>**Unit 2 Going to see a film**<br>共同要求：<br>1. 能通过观察图片，预测对话谈论的话题。<br>2. 能读懂一份电影指南所包含的信息。<br>3. 能通过阅读对话，获取话题关键信息，如电影的类型、对话人物对不同电影的喜好。<br>4. 掌握并运用特定短语、祈使句和表示顺序的副词来描述路线。<br>校本要求：<br>1. 学会描述自己喜欢的电影的种类以及相关内容。<br>2. 能简单描述从一出发点到某一终点的具体路线。<br>**Unit 3 A visit to Garden City**<br>共同要求：<br>1. 了解不同职业及其具体从事的内容。<br>2. 会使用 How long 句型来询问他人所从事职业的时间。<br>3. 能阅读语篇并描写自己想要从事的职业内容。<br>4. 会使用被动语态 sth. be used to do/for doing 来描述某一事物的用途。<br>校本要求：<br>1. 能用英文就工作的话题进行简短的对话。<br>2. 体会各种职业的社会意义，明白职业无贵贱、各行各业都需要人才的道理。<br>**Unit 4 Let's go shopping**<br>共同要求：<br>1. 知晓如何在购物前展开讨论，了解提问和回应方式。<br>2. 了解购物中心楼层布局图，掌握根据需求找寻目标信息的阅读方法。<br>3. 能用 with 介词词组来描述自己所喜欢的衣物并做简单介绍。 |

| 学期目标<br>年级段 | 上学期目标 | 下学期目标 |
|---|---|---|
| | 2. 能意识到不同的职业只有分工的不同，但对我们的生活都是十分重要的。<br>**Unit 5　Choosing a new flat**<br>共同要求：<br>1. 能用形容词的比较级对事物做比较。<br>2. 能使用一般现在时来表达自己的需求。<br>3. 能听懂本单元话题的内容，并能从中提取信息。<br>4. 能用介词来描述各个物件所摆放的位置。<br>校本要求：<br>1. 能用英语描述自己理想的公寓。<br>2. 能够根据课文内容，进行角色表演。<br>**Unit 6　Different places**<br>共同要求：<br>1. 能用英语介绍所住小区的位置、交通、周边设施。<br>2. 能使用 Wh-疑问句来表明某一事物的位置。<br>3. 能用 How long 句型来描述做某一件事所花费的时间。<br>校本要求：<br>1. 能用英语来介绍自己所居住的小区。<br>2. 能描述四季的变化，并能观察到身边的自然美。<br>**Unit 7　Signs around us**<br>共同要求：<br>1. 能够用英语描述不同种类的标志，并能了解各种标志的意思。<br>2. 能正确使用情态动词 must/mustn't 来表达允许和禁止。<br>3. 能听懂有关规则的录音材料。<br>校本要求：<br>1. 了解不同规则的不同含义。<br>2. 学会制定班规和校规，做一个遵守规则的好孩子。<br>**Unit 8　Growing healthy, growing strong**<br>1. 能用英文谈论人们的饮食习惯。 | 4. 能根据语境讨论衣物的大小和尺寸，进行口头表达。<br>校本要求：<br>1. 能用英语表述自己所喜欢的衣物。<br>2. 结合生活实际，会在日常生活中购物或试穿衣物时口头表达及角色表演。<br>**Unit 5　What can we learn from others**<br>共同要求：<br>1. 能够读懂英文短篇神话故事。<br>2. 能根据上下文推断、理解生词的含义。<br>3. 能理解段落间各句子之间的逻辑关系。<br>4. 能针对所听语段的内容记录简单信息。<br>校本要求：<br>1. 能根据人物语言、行为、说话的语气判断人物性格。<br>2. 能根据课文内容，进行角色表演。<br>**Unit 6　Hard work for a better life**<br>共同要求：<br>1. 能读懂有关季节的英文诗歌并提取重要信息。<br>2. 能用英语讨论春夏秋冬自己的所见、所感，并写简短的段落。<br>3. 能够读懂英文短片寓言故事并总结经验教训。<br>校本要求：<br>1. 能根据课文内容总结人物性格。<br>2. 能够在教师的指导下，进行角色表演。<br>3. 能用英文写有关季节的简短的诗歌。<br>**Unit 7　In the future**<br>共同要求：<br>1. 能听懂有关未来的英文对话，并提取重要信息。<br>2. 能用英文谈论本单元相关。<br>3. 能够运用学过的句型描述图片，写出简单的段落。<br>校本要求：<br>1. 能运用句型对未来展开想象；能就对于未来的想象写简短的段落。 |

| 学期目标<br>年级段 | 上学期目标 | 下学期目标 |
|---|---|---|
| | 2. 能够正确使用倒装句来表达对前者的同意或不同意。如 So do I. /Neither do I.<br>3. 能够使用祈使句来提出建议。如 Shall we play badminton? /Let's play badminton.<br>校本要求：<br>1. 学会如何用一般过去时和一般现在时比较自己的饮食，谈论自己的饮食习惯。<br>2. 学会如何给身边的人提出一些合理的建议，帮助他们改正不良的饮食习惯。<br>Unit 9　International Food Festival<br>共同要求：<br>1. 能用英文讨论来自不同国家的食物。<br>2. 能用日记的形式记录国际食品节的过程。<br>3. 能用句型"Let's/Shall we/How about/What about…"等提出建议。<br>4. 能听懂本单元话题的内容，并能从中提取信息。<br>校本要求：<br>1. 能用英文介绍英式小圆饼的制作过程。<br>2. 在学习和日常交际中，初步意识到中外文化的不同。<br>Unit 10　A birthday party<br>共同要求：<br>1. 能用英文讨论派对上的活动并做好派对计划。<br>2. 能够用过去时态描述发生过的事情。<br>3. 了解英语国家人际交往的习俗。<br>校本要求：<br>1. 能够用过去时态，根据照片写句子，描述发生过的事情。<br>2. 学会在派对准备过程中针对食物和活动，提出合理的建议。 | 2. 能根据课文的内容进行对话表演。<br>Unit 8　A more enjoyable school life<br>共同要求：<br>1. 能够用英文对于学校的变化进行讨论。<br>2. 能听懂相关话题，并提取重要信息。<br>3. 能够在口头表达中进行适当的自我修正。<br>校本要求：<br>1. 能够将根据话题讨论的结果进行总结和汇总。<br>2. 能够根据课堂的讨论写简短的汇报。<br>Unit 9　The wind is blowing<br>共同要求：<br>1. 在上下文语境中理解核心词的意思。<br>2. 学会通过排序，回答问题等阅读活动了解故事大意和关键细节。<br>3. 能总结寓言故事的特点。<br>4. 能运用形容词的比较级和最高级来比较同类事物的特征。<br>5. 了解诗歌写作的特点，能模仿文本尝试续写诗节。<br>校本要求：<br>1. 通过寓言故事学习，了解做人要谦虚的道理。<br>2. 能尝试根据诗歌的文本特征写有关大自然的诗歌。<br>Unit 10　Water festival<br>共同要求：<br>1. 通过学习，了解制作冰镇水果饮料的过程。<br>2. 了解水的三态，解释生活中的自然现象。<br>3. 会用时间顺序副词来简单介绍水船的制作过程。<br>4. 能掌握警告（或禁止）的不同表达方式。<br>校本要求：<br>1. 了解自然界中水的三种形态和相互之间的转换关系。<br>2. 能注重公共场所的警告（或禁止）标识，注意公共安全，培养遵守规范的意识。 |

第三节 丰富儿童英语学习生活

## 一、学科课程结构

《义务教育英语课程标准（2011 年版）》指出"学生通过英语课程掌握基本的英语语言知识，发展基本的英语听、说、读、写技能""学生通过英语课程能够开阔视野，丰富生活经历，形成跨文化意识，形成良好的品格和正确的人生观与价值观"。我校"七彩英语"学科课程目标符合这一要求，为了实现这些目标，我们根据初中学生的发展特点以及我校学生的特质，把"七彩英语"学科课程设置为"七彩文化、七彩听说、七彩阅读、七彩写作"四大类别，以此来丰富学生的英语学习生活（见图 3-1）。

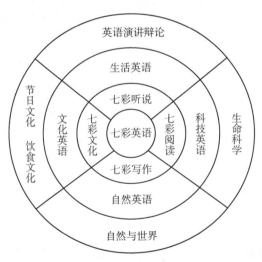

图 3-1 "七彩英语"学科课程结构

七彩文化是指教师在英语教学过程中引导学生了解相关的人文知识和英语表达，

从而进一步了解各国的文化差异和学习尊重他国文化的理念。初中阶段的英语内容包罗万象，以节日文化英语、饮食文化英语、生活英语、科技和自然科学英语等内容为主题。教师要充分利用这些话题，丰富学生的知识，开拓学生的视野。

七彩听说是指教师要根据整合内容创设情境，运用多种教学方法提高学生的听说能力。情境的创设要与整合的内容一致，脱离了教学内容的情景是无意义的。情境的创设要注重话题性，整节课要从话题入手，话题要贯穿各个教学环节。

七彩阅读是指教师在英语阅读教学中引导学生通过阅读获取信息、学习知识、提高阅读技能，为继续学习和终身发展打下基础。阅读材料的选择要难易适中，要符合学生的认知方式和英语水平。教学过程中要注重培养学生的阅读技能，设计丰富多样的教学方式来引导学生自己去领悟和感受，尊重学生的阅读主体地位。

七彩写作是指教师在日常教学中要注重帮助学生进行写作素材的积累，让学生在写作的时候有话可说。充分利用整合的阅读资源，利用以读促写的教学方法，帮助学生掌握不同题材，不同体裁的写作方法，让学生写作时有"法"可依。

## 二、 学科课程设置

根据我校"七彩英语"的目标、类别和不同年级学生的年龄特点，我们有针对性地设置不同主题，由浅入深，层层递进，为丰富学生的英语学习生活提供保障。具体课程设置如下（见表3-2）。

表3-2　"七彩英语"学科课程设置表

| 课程类别<br>年级<br>学期 | | 七彩文化 | 七彩听说 | 七彩阅读 | 七彩写作 |
|---|---|---|---|---|---|
| 一年级 | 上 | 礼貌用语 | 说说唱唱 | Kids' stories | |
| | 下 | 文明行为 | 改编歌曲 | 我们的生活 | |

| 年级 学期 | 课程类别 | 七彩文化 | 七彩听说 | 七彩阅读 | 七彩写作 |
|---|---|---|---|---|---|
| 二年级 | 上 | 涂涂画画 | 小小画家 | 小故事，大道理 | |
| | 下 | 绘本故事制作 | 巧手制作 | 我们周围的世界 | |
| 三年级 | 上 | 思维导图 | 小小演说家 | 英文小读者 | 我喜爱的事物 |
| | 下 | 巧手制作 | 小小创意家 | 绘本故事 | 我喜爱的绘本故事 |
| 四年级 | 上 | 中国故事 | 我来说说中国故事 | 中国成语故事 | 我喜爱的成语故事 |
| | 下 | 西方故事 | 我来说说西方故事 | 西方谚语故事 | 我喜爱的西方故事 |
| 五年级 | 上 | 中国节日 | 我来讲讲中国节日 | 科普英语 | 我喜爱的节日 |
| | 下 | 西方节日 | 我来讲讲西方节日 | 小小英语报 | 生命周期 |
| 六年级 | 上 | 饮食文化 | 情景对话 | 认识规则 | 喜爱的工作 |
| | 下 | 节日文化 | 英语广播 | 自然与世界(一) | 喜爱的城市 |
| 七年级 | 上 | 派对文化 | 英语歌曲 | 关于旅行 | 中国小导游 |
| | 下 | 诗歌文化 | 你来我往 | 神话故事 | 诗歌创造 |
| 八年级 | 上 | 数字文化 | 英语课本剧 | 事实与科幻 | 语言的魅力 |
| | 下 | 国家概况 | 影视英语 | 自然与世界(二) | 上海简介 |
| 九年级 | 上 | 传统技能 | 英语新闻 | 传统与现代 | 传统技能 |
| | 下 | 环保文化 | 英语辩论 | 未来世界 | 环境与生活 |

我们依据学科课程设置的不同主题，根据《义务教育英语课程标准（2011年版）》和牛津教材的相关内容，将"七彩英语"的课程内容，在课程名称、课程内容、课程目标、整合要求四个方面进行了设置研究。

## 第四节　给儿童提供充分的学习机会

《义务教育英语课程标准(2011年版)》指出"义务教育阶段的英语课程力求面向全体学生,为学生发展综合语言运用能力打好基础,同时,促进学生整体人文素养的提高。教师应在教学中根据学生的发展状况,整体规划各个阶段的教学任务,有效整合课程资源,优化课堂教学。"根据这一要求,我校英语学科课程建设需要以"七彩英语"学科课程为统领,设置英语基础课程,发展学生必备的英语基础知识和技能;设置多样化拓展选修课程,扩大学生选择的空间,适应学生个性发展的需要;通过麦克风闯关、英语节等多种多样的活动,给学生提供展示的机会和平台。为此,"七彩英语"课程将从创设"七彩课堂"、丰富"七彩拓展课程"、举办"七彩英语节"、建设"七彩空间"、组织"七彩广播站"等方面进行实施,给学生提供多样的英语学习机会。

### 一、 创设"七彩课堂",提升课程实施质量

"七彩课堂"注重知识性、实践性、科学性、趣味性、发展性,从学科特点出发,在"听""说""读""写""译"等方面进行深挖、整合、拓展和补充,通过课内外多种途径让学生感受语言的活动。教师有意识地引导学生在生活中观察、感受和思考,将日常生活中的所见所闻与英语结合起来,鼓励学生用自己所学的知识解决生活中的一些实际问题,锻炼学生的发散性思维,培养学生的观察和思考能力,在课程中积极开发拓展性课程,极大地激发其学习英语的热情。知道英语国家中最常见的饮料和食品的名称。知道主要英语国家的首都和国旗。了解世界上主要国家的重要标志物。了解英语国家中重要的节假日。

1."七彩课堂"的目标是丰满的。"七彩课堂"要求学生能听懂接近正常语速,熟

悉话题的语段，能识别其主题，获取主要信息；能听懂简单故事的情节发展，理解其中主要人物和事件；能引出话题并进行几个回合的交谈；能在教师的帮助下或根据图片用简单的语言描述自己或他人的经历。具有较强的学习能力，能解决学习中遇到的困难。能与他人合作，完成学习任务。具有较强的接受外来文化的意识，了解中外文化的基本差异。

2. "七彩课堂"的内容是丰富的。英语学习是知识积累和能力实践的过程，需要有合适的课程内容。英语课程的学习素材，要贴近学生和社会生活的实际，要富有时代气息，要以提高学生的人格修养、审美情趣和文化品位为目标来进行课程编制，以促进学生的自我发展和终身学习。我们除了将上海版牛津英语课文内容和其他学科进行学科间的统整之外，还研讨和编订了校本阅读教材，现在已经是第三版了。教学内容分年级、分板块，为学生提供具有生活性、时代性和文化性的课程内容。

3. "七彩课堂"的过程是立体的。教师应在现有条件下，充分利用听力课，将单调的听力课型转化为丰富多彩的听说课型，把听、说有机地结合到一起，加大口语训练信息。在教学中，教师要注意多角度、多方位地设计各种思考题，发展学生的发散思维，使学生不单单停留在理解和掌握所学的内容上，而且要利用现学的知识，结合已学知识去探索、去创造，增进他们的创新思维深度，培养创新能力。

4. "七彩课堂"的方法是多样的。"七彩课堂"是直观课堂，运用直观教具，充分利用各种教学手段。在授课时，充分利用图片、模型、实物等形象，以直观的方式来激发他们感兴趣，调动课堂学习的积极性。"七彩课堂"是多媒体课堂。多媒体形式不仅能高速、高效地提供大量信息，而且其生动与形象的表现手法使难懂的知识变得有趣、易学。因此，能调动学生的积极性，使学生在轻松愉快的教学气氛中积极投入到每节课的学习。"七彩课堂"是情境课堂。教师在创设情境之前要善于就地取材，深入钻研教材，详细解读文本，基于学生的生活经验和知识储备，创设真实的教学情境。

5. "七彩课堂"的文化是鼓励性的。教师创设丰富的教学环境，激发学生的学习动机，培养学生的学习兴趣。师生应是平等的合作者，要彼此尊重、互相信赖、互相合作，只有在这样的课堂氛围中，师生之间才能形成互动、交流的对话平台，学生才能轻松愉快、活泼热情、兴致盎然地发挥想象力，以最佳状态进入英语学习。

## 二、 开发"七彩课程"，丰富学科拓展课程

《义务教育英语课程标准（2011 年版）》中指出"丰富多彩的课程资源对英语学习尤其重要。英语课程应根据教和学的要求，提供贴近学生、贴近生活、贴近时代的英语学习资源"。本着与学校教育相辅相成的原则，以拓展学生视野、提高学生科学素质、创新思维和英语应用能力为目标，我们开展了一系列的英语拓展课程。

1. 英语广播（文化英语-听）：语言和文化是相辅相成的，所以要学好英语，必然需要了解英语国家的节日文化、饮食文化、建筑特色和风俗习惯等。我们开展了英语广播拓展课程，让学生在收听英语节目、观看原版电影视频中了解他国文化，激发学生学习英语的兴趣，提高学生英语的听说能力。

2. 英语小主持（生活英语-说）：英语小主持人拓展课程是以英文报为基础，把学英语的氛围和学生的日常生活联系起来，挑选和生活有关的文章来学习，如：中外的服装特色、流行音乐及歌手背景、著名球星的生活、明星的趣事、新闻大事件、天气预报等等。通过主题演讲、主题辩论、小品表演和主持新闻播报等多种方式让学生锻炼提高他们的口语表达能力，并通过各种表演形成自己的主持风格。

3. 自然科普英语（科普英语-读）：为了激发青少年强烈的求知欲和对科学的浓厚兴趣，引领青少年关注世界范围内的科技发明、发展动态，我们开展了以科普英语为媒介的英语综合实践活动，从而提高自主学习、发现问题、解决问题和团队合作的能力。课程的第一部分为科普英语趣味阅读篇章，这些选篇涵盖丰富的科学主题，行文流畅，用词生动，对科学原理的解释深入浅出，从而激发学生的科学探索欲和求知欲，促进英语语言学习。第二部分为科普英语大纲和科普英语模拟试卷。科普英语大纲重点考查考生对以英语为媒介的科普知识和科普话题的理解和驾驭程度，包括学生的英语综合实践能力，科普词汇与基础科学知识的掌握以及对最新科技和发明讯息的了解。培养学生的科学素养，激发学生热爱科学，勇于探索未知世界的兴趣。同时引导学生熟

悉以英语为载体的科普文章的行文风格与表述手法，为那些今后准备从事科学研究的学生打下良好的英语语言基础。

## 三、 创设"七彩英语节"，浓厚英语学习氛围

学校英语节和英语麦克风闯关活动是我们学校每年的大型英语活动，通过举办校园英语节和英语游戏闯关，激发学生对英语的兴趣，给学生一个展示自我的平台。

我校英语节的活动理念是通过举办校园英语节，激发学生对英语的兴趣和爱好，提高学生的听、说、读、写、译的能力，以丰富多彩的英语活动为载体，营造良好的英语学习的氛围，丰富校园文化生活，让学生主动参与，展示自我风采，秀出最佳水平。英语节还同时结合资源联盟体活动，为我校全体英语教师搭建了展示教学风采的平台，让教师在备课、上课、磨课、听课的活动中，团结协作、各展所能，真正做到教学相长、师生共进的活动埋念。所以我们提出以"Joy Yangguang Joy English! 快乐阳光 快乐英语!"为活动口号。

英语节系列活动包括团体项目和个体项目。团体项目包括英语墙报、班班英语课文朗读比赛、英语书写比赛、班级特色节目;个体项目包括英语节专题小报、拼写英语单词比赛、英语阅读比赛、英语听力、英语写作比赛等。

英语墙报——每个班级以英语节的口号为主题，设计自己班级的墙报，涉及有关英语方面的知识，可以有名言、风俗、风景、小故事等相关信息，年级组进行评比。

班班英语朗读比赛——分年级段进行比赛，比赛当天每班派一名学生上台抽签决定朗读篇目，全班进行朗读。

英语书写比赛——备课组长统一规定书写内容。要求书写格式统一、字迹工整、优美，选出的优秀作品在校园内展示。

班级特色节目——表现形式不拘，可以是合唱，绕口令，故事，小品，时事新闻播报，电影角色配音等。

英语节专题小报——以"Joy Yangguang Joy English!"为主题，以手绘或电子小报

的形式参与比赛，选出的优秀作品在校园内展示。

拼写英语单词比赛、英语阅读比赛、英语听力比赛和英语写作比赛，每班抽取 3 至 5 名学生参加此类比赛，由各备课组长背对背命题。

通过举办校园英语节，提高学生的听、说、读、写、译的能力，以丰富多彩的英语活动为载体，营造良好的英语学习的氛围，丰富校园文化生活，让学生在丰富多彩的活动中主动参与，展示自我风采，通过比赛激励学生学习英语，从听、说、读、写、译全方位提升学生的英语学习水平，把英语学习从课堂延伸到生活中来，生活中处处有英语，英语中处处有生活气息。

## 四、 建设"七彩空间"，让校园拥有浓厚的英语文化

为了让学生时刻在学校能够感受到英语的学习氛围，我们建设学校的"七彩空间"，充分利用校园和教室的空间，让学生认识到生活中英语是随处可见的。

1. 精心布置校园。我们发动全体少先队员精心设计，让校园内的一些主要墙壁、走廊都"说"上英语。我们还自主设计英语角、学校宣传窗，并且各班均可开辟"英语角"。通过"英语角"的布置，学生们不但体会到了自主选择的快乐，而且更进一步地了解了相应主题的内涵，在做做、说说、画画等过程中体会到了英语融于课外的快乐。

2. 用英文装点每间教室。学生每天大部分的时间是在教室里度过的。营造教室的英语学习氛围对学生来说至关重要。教室前面的黑板是学生视线停留最多的地方。我们可以在前黑板的正上方每日更换一句名言。教室后面的黑板创设英语园地，适时地刊出一些英语小幽默、英语小故事连载，英语国家的一些风景名胜、民族文化、风俗习惯、历史地理各方面的资料，以及一些与教材内容相配套的语法知识和运用等。

## 五、 组织"七彩广播站"，提高英语综合运用能力

我校利用每天中午和下午 20 分钟作为校园英语广播时间。广播内容根据年龄进

行分层：

1. 小学一、二年级：英语儿歌、歌曲和动画，通过观看动画激发学生学习英语的兴趣，通过模仿儿歌和歌曲来学习新的词汇和表达方法，尽量使其在轻松的环境快乐的气氛中快乐地学习英语。

2. 小学三、四年级：色拉英文小故事，趣味简短的故事可以拓展学生的词汇量和一些日常生活用语，为学习英语打下坚实的听说基础。

3. 中学六、七年级：对话、空中英语教室和新概念英语 2，通过朗读、对话训练和视频空中英语教室和拓展新概念，能提高学生英语的听说能力，并进一步提高其语言的综合运用能力。

4. 中学八年级：英语歌曲、原版电影台词赏析、纪录片赏析和新概念英语 3 的拓展，通过歌曲、原版片、纪录片的赏析让学生尽量多地接触英语，进行语言的熏陶，学习和模仿地道的英语表达，新概念英语 3 的朗读可以让学生进行词汇拓展，有趣的谚语、谜语、新闻、歌曲、电影等都可以在广播中和学生交流。

英语的学习方式是多样的，在保证和改革课堂教学的同时，我们还探索更多的方式，包括英语软件的开发和使用、英语广播、英语节、英语角和英语麦克风等活动的开展，让学生尽量多地接触语言、使用语言，允许他们适当试错，自己纠正，只有这样他们才会消除对英语的恐惧，扫除语言障碍，积极地去练习、去模仿和提高。

总之，在现在的英语教学中，英语的交际性和人文性占有非常重要的地位。为了更好地突出这两个特点，我校的"七彩英语"课程从目标设置、目标内容、课程实施、教学评价四个方面，进行了详细的探索和实践研究，形成了符合我校学生英语学习水平和我校英语教学现状的"七彩英语"课程体系。

（撰稿者：孟庆楠　姚　梅）

# 第四章

## 趣味物理：让学生对物理感兴趣

　　"趣味物理"注重培养学生的物理学习兴趣。"趣味物理"是实验的物理，重视学习者的个体经验，以学习者为中心；"趣味物理"是生活的物理，引导学生观察生活中的熟悉现象，了解事物的相互联系；"趣味物理"是探究的物理，在实验探究的过程中让学生积极动手动脑；"趣味物理"是渐进的物理，循序渐进建构学生的物理学习体系；"趣味物理"让学生接触物理，认识物理，引发思考，产生浓厚的物理学习兴趣。

上海市奉贤区阳光外国语学校物理教研组共 5 位教师，5 位教师均为中教一级。其中一名区级骨干教师，4 名学校星级教师。39 岁至 45 岁年龄段的教师有 3 人，45 岁以上的教师 2 人，所有教师都教学经验丰富。教研组认真开展教研活动，在课题研究、论文撰写、课堂教学实践等方面都取得了一定的成绩。根据《义务教育物理课程标准（2011 年版）》，我校物理教研组构建了"趣味物理"的课程建设方案，推进我校物理学科课程建设，取得了显著成效。

## 第一节　物理是充满趣味的科学

### 一、 学科性质观和价值观

《义务教育物理课程标准（2011 年版）》中明确指出："物理学是研究物质结构、物质相互作用和运动规律的自然科学。物理学由实验和理论两部分组成。物理学实验是人类认识世界的一种重要活动，是进行科学研究的基础；物理学理论则是人类对自然界最基本、最普遍规律的认识和概括。义务教育阶段的物理课程要让学生学习初步的物理知识与技能，经历基本的科学探究过程，受到科学态度和科学精神的熏陶；它是以提高全体学生的科学素质、促进学生的全面发展为主要目标的自然科学基础课程。"[①]

基于这种认识，我们认为，物理课程的核心价值是对学生学习物理的兴趣、探究能力和创新意识以及科学态度、科学精神方面的培养。为此，我们打造了"趣味物理"课程，引导学生对物理产生兴趣，在主动学习物理的过程中重视探究学习方式和要素，从而获得全面发展。

———————————

① 中华人民共和国教育部. 义务教育物理课程标准(2011 年版)[S]. 北京：北京师范大学出版社,2012：1.

## 二、 学科课程理念

《义务教育物理课程标准(2011年版)》指出：初中物理面向全体学生,提高学生科学素养,以学生终身发展为本,使每个学生学习科学的潜能得到发展;从生活走向物理,从物理走向社会,贴近学生生活,符合学生认知特点,激发并保持学生的学习兴趣;注意学科渗透,关心科技发展,让学生了解自然界事物的相互联系,注意学科间的联系与渗透,逐步树立科学的世界观;提倡教学方式多样化,注重科学探究。注重采用探究式的教学方法,让学生经历科学探究过程,学习科学研究方法,培养其创新精神和实践能力。鼓励在物理教学中合理运用信息技术;注重评价改革导向,促进学生发展。

基于以上认识,我们提出"趣味物理"的学科课程理念,让孩子们能主动探究物理学科中的科学知识,体验物理学科的意义。

1. "趣味物理"是实验的物理。通过初中物理课程的实施,重视和精心设计实验教学就能帮助我们的学生学会学习、主动参与,促进学生核心探究能力的发展。

2. "趣味物理"是生活的物理。物理来源于生活,以初中学生的基本生活常识为起点,引导学生观察生活中熟悉的现象,逐渐扩展,了解自然界事物的相互联系。

3. "趣味物理"是探究的物理。让学生经历探究过程,通过对初中学生的物理学习方法的引导,采用探究式的学习方法,培养学生实事求是的实验品质。

4. "趣味物理"是渐进的物理。在物理学习的过程中一点一滴、循序渐进地培养学生的核心物理素养,渗透求实创新的科学精神,培养学生的创新意识和探究能力。

通过让学生观察现象发现问题,动脑设计科学合理的方案,通过动手探究在实验过程中找到解决问题的方法或得到现象本质的规律,了解物理学的学科领域,让学生初步认识到物理是有趣的科学。

## 第二节　引导学习者体验物理的意义

　　学生具有丰富的人性和社会性，初中阶段的学生从八年级开始物理学习，青春期的孩子身体和心理的特点决定了他们有强烈的自我意识的觉醒。关注学生的物理学习兴趣，让学生在内在的好奇驱动下进行学习，形成主动积极的学习态度，成为一个学会学习的人并形成正确的世界观，有效地引导学习者体验物理的意义。

### 一、学科课程总体目标

　　《义务教育物理课程标准（2011 年版）》指出中学物理课程的总目标是："让学生获得必要的物理基础知识和基本技能，初步了解物理学的发展历程；经历物理知识的形成过程，感受、认识和运用物理学的基本思想和基本方法；受到科学精神的熏陶，养成良好的学习习惯和科学态度，初步形成正确的世界观、人生观和价值观。初步具有现代社会成员所必须的基本能力和科学素养。"[①]具体而言，我校的物理课程目标如下：

　　1. 通过实验学习的过程培养学生敏锐的观察力；通过动手做小实验和观察教师的演示实验，激发学习物理的兴趣；通过了解物理学与人们生活的密切关系，自主认识到物理学是十分有用的；通过动手实验培养学生卓越的行动力。

　　2. 通过动手小制作让学生不在框架里被束缚，发挥学生的创造力，多利用生活中熟悉的资源进行小制作的原材料，从小处让学生体会科技兴国，从小培养他们的责任感。

　　3. 通过了解物理学家的生平事迹，体会到物理规律的追寻过程让学生知道学习不能走捷径，需要有踏实和不怕失败不断重复勇敢尝试的精神。发挥物理课程在观

_____

① 中华人民共和国教育部. 义务教育物理课程标准（2011 年版）[S]. 北京：北京师范大学出版社，2012：4.

念、态度领域的教育功能。

4. 通过概念思维导图的方式将众多物理知识联系起来，加强课程内容与社会生活和科技发展的联系，多维对比，并加以有效分析，从而最大限度提高学习效率。让学生从学习经验中获取终身学习的能力。

总之，我们的课程重视学习者之间的沟通，强调利用各种资源来支持学生的学习。以学生为中心，让学生有兴趣主动探究，发现问题，解决问题。

## 二、学科课程年段目标

依据课程标准，结合教材和教学用书，我们制定了学科课程目标，以 8—9 年级为例（见表 4-1）：

表 4-1　"趣味物理"课程目标表

| 年级段 ＼ 学期目标 | 第一学期目标 | 第二学期目标 |
|---|---|---|
| 八年级 | **第一单元　声**<br>共同要求：<br>1. 认识声的内容及其在生产、生活中的应用。<br>2. 经历观察物理现象的过程，能简单描述所观察物理现象的主要特征，能在观察和学习中发现问题，具有初步的观察能力及提出问题的能力。<br>3. 有学习物理的兴趣，有对科学的求知欲，能保持对自然界的好奇，乐于探索自然，能领略自然界的美妙与和谐，对大自然有亲近、热爱及和谐相处的情感。<br>校本要求：<br>1. 有学习物理的兴趣，对"土电话"的小实验有兴趣。<br>2. 对噪声形成的污染能有防范意识，初步建立环保意识。 | **第四单元　机械和功**<br>共同要求：<br>1. 认识简单机械，机械功，机械能等内容及其在生产、生活中的应用。<br>2. 有将科学技术应用于日常生活、社会实践的意识，乐于探究日常用品或新产品中的物理学原理，乐于参与观察、实验、制作、调查等科学实践活动，有团队精神。<br>校本要求：<br>1. 对杠杆、滑轮等简单机械的小制作有兴趣动手实践。<br>2. 能分析隐含条件，独立完成分析过程。<br>**第五单元　热与能**<br>共同要求：<br>1. 认识热学和内能等内容及其在生产、生活中的应用。 |

续表

| 学期目标<br>年级段 | 第一学期目标 | 第二学期目标 |
|---|---|---|
| | **第二单元　光**<br>共同要求：<br>1. 认识光的内容及其在生产、生活中的应用。<br>2. 有初步的实验操作技能，会用简单的实验仪器，能测量一些基本的物理量，具有安全意识，知道简单的数据记录和处理方法，会用简单图表等描述实验结果，会写简单的实验报告。<br>校本要求：<br>1. 对光的反射、平面镜成像、光的折射、色散等实验有兴趣。<br>2. 能将光和声的学习过程进行对比，对光污染有所了解。<br><br>**第三单元　运动和力**<br>共同要求：<br>1. 了解自然界多种多样的运动形式，认识运动和力等内容及其在生产、生活中的应用。<br>2. 通过参与科学探究活动，学习拟订简单的科学探究计划和实验方案，有控制实验条件的意识，能通过实验收集数据，会利用多种渠道收集信息，有初步的信息收集能力。<br>校本要求：<br>1. 培养学生的观察能力和实验探究能力，以及运用物理知识解决实际问题的能力。<br>2. 构架知识网络结构，让学生学会知识迁移，掌握重点知识。 | 2. 通过参与科学探究活动，学习拟订简单的科学探究计划和实验方案，有控制实验条件的意识，能通过实验收集数据，会利用多种渠道收集信息，有初步的信息收集能力。<br>校本要求：<br>1. 学会用转化的方法解决一些直接处理有困难的物理问题。<br>2. 通过比较的方法，理清楚一些容易混淆的知识点，独立分析。 |
| 九年级 | **第六单元　压力与压强**<br>共同要求：<br>1. 了解压力和压强内容及其在生产、生活中的应用。<br>2. 经历从信息中分析、归纳规律的过程，有初步的分析概括能力。能书面或口头表述自己的观点，能与他人交流，有自我反思和听取意见的意识，有初步的信息交流能力。 | **第八单元　电能与磁**<br>共同要求：<br>1. 了解电和磁等内容及其在生产、生活中的应用。<br>2. 了解物理学及其相关技术发展的大致历程，知道物理学不仅含有物理知识，而且还含有科学研究的过程与方法、科学态度与科学精神。 |

续表

| 学期目标 年级段 | 第一学期目标 | 第二学期目标 |
|---|---|---|
| | 校本要求：<br>1. 了解物理学及其相关技术发展的大致历程,知道物理学不仅含有物理知识,而且还含有科学研究的过程与方法、科学态度与科学精神。<br>2. 加强实验,让学生在实验探究过程中发展创造性思维。<br>**第七单元　电路**<br>共同要求：<br>1. 了解电学内容及其在生产、生活中的应用。<br>2. 有克服困难的信心和决心,能总结成功的经验,分析失败的原因,体验战胜困难、解决物理问题时的喜悦。养成实事求是、尊重自然规律的科学态度。<br>校本要求：<br>1. 通过学习物理知识,提高分析问题与解决问题的能力,培养自学能力,学习物理学家在科学探索中的研究方法,并能在解决问题时尝试应用科学研究方法。<br>2. 通过电学相对抽象的知识学习过程,通过电路作图培养学生认真、严谨的学习态度。 | 校本要求：<br>1. 对学生进行辩证唯物主义教育。培养学生尊重科学、尊重实事求是的科学精神。<br>2. 电和磁与生活息息相关,学习其本质对以后的生活、对科技的发展有重要作用。<br>**第九单元　从原子到星系**<br>共同要求：<br>1. 了解原子结构,星系组成等内容及其在生产、生活中的应用。<br>2. 通过学习物理知识,提高分析问题与解决问题的能力,培养自学能力,学习物理学家在科学探索中的研究方法,并能在解决问题时尝试应用科学研究方法。<br>校本要求：<br>1. 将宏观世界与微观世界进行对比,建构物理模型。了解物理学发展史。<br>2. 爱校,热爱祖国,有振兴中华的使命感与责任感。 |

## 第三节　探索奇妙的物理之旅

　　根据课程标准,我校初中物理设立基础性课程、拓展性课程、探究性课程。基础性课程实行班级教学模式,拓展性课程和探究性课程实行选修课模式。初中物理课程分为三部分：有提供给全体学生必修的基础性课程,有提供给特长生自主选修的拓展性课程,有提供给全体学生自主选学的探究性课程。通过八、九年级的物理学习,能让学生从不同角度和层面来认识自然,愉悦地展开奇妙的趣味物理之旅。

## 一、 学科课程结构

初中物理课程的科学内容包括物质、运动和相互作用、能量组成。现代物理学的研究遍及世界的各个层次。通过这些内容的学习,我们了解人类认识新事物的过程,体验科学是不断发展的,认识是逐步深化的。引导学生通过对物理现象的观察和探究,能运用科学方法进行实践研究。由此制定了我校的物理学科课程结构(见图 4-1)。

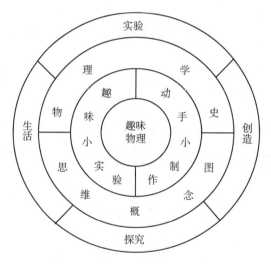

图 4-1 "趣味物理"课程结构图

趣味小实验:八年级第一学期是物理学的启蒙阶段,在培养学生学习兴趣的同时,抓住物理学科的实验和观察的特点,通过趣味小实验初步培养学生的探究意识和探究能力。

动手小制作:当学生已经有了初步的对物理现象的认识和对物理规律的归纳,具备了观察实践能力后,动手创作,通过动手小制作培养和提高学生的科学创新能力。

物理学史：在平时的教学中渗透物理学史、物理学家的故事和物理规律的来源，师生一起制作一些课件，撰写一些论文，培养学生的基本科学素养。

思维概念图：通过思维概念导图进行知识梳理和专题汇编，培养学生的综合运用能力，为中考做好基本知识的准备。

## 二、学科课程设置

依据初中物理课程标准中的教学内容，物理的学科特点，寻找知识联系，横向比较拓展，"趣味物理"的拓展课设置如下（见表 4 - 2）：

表 4 - 2 "趣味物理"拓展课程设置表

| 年级 | | 趣味小实验 | 动手小制作 | 物理学史资料 | 概念思维导图 |
|---|---|---|---|---|---|
| 八年级 | 上学期 | 声音的传播 | 土电话 | 光学之牛顿 | 运动和力 |
| | 下学期 | 滑轮组 | 筷子秤 | 杠杆之阿基米德 | 功和能 |
| 九年级 | 上学期 | 压强之谜 | 自制密度计 | 大气压之伽利略 | 串并联电路 |
| | 下学期 | 探秘原子 | 自制指南针 | 中国古代的磁 | 物质结构 |

## 第四节 营造生动有趣的学习氛围

根据学生的年龄特征和认知水平，在物理课堂中通过丰富多彩的教学活动，提高学生的学习兴趣和学习能力，最终提高教学实效。"趣味物理"注重营造培养学生科学态度的课堂氛围，为他们的全面发展提供良好的机会，让每一个学生在主动参与的过程中真实体验、自由感悟，尽最大可能为全体学生营造生动有趣的物理学习氛围。课程实施途径如下：

## 一、 建构"趣味课堂"，提升学科课程实施品质

由于青春期孩子的个体差异和心理特征以及物理学科知识的独特性，任何一种单一的课堂教学模式并不是所有课堂教学的最佳选择。教而有方，学而有法，但教无定法，就是这个道理。

1. "趣味课堂"是学生感兴趣的课堂。物理课堂的趣味小实验能吸引学生，让他们的学习处于一种愉快的氛围，活跃了课堂，促使学生能主动参与课堂，成为课堂学习的主体。兴趣是最好的老师，让学生对物理产生浓厚的兴趣，激发他们强烈的求知欲望。

2. "趣味课堂"是学生实验的课堂。学生在设计实验方案、进行实验操作、处理实验数据的过程中体验探究过程，领会物理学科的研究方法，理解实验原理和意义。

3. "趣味课堂"是学生行动的课堂。学生具备一定的物理学习经历后，能够从实验中学习理解物理的规律和原理，学生可以通过小制作进一步体会到物理学习的成就感，从而对物理学习更有兴趣。

总之，"趣味课堂"是每一个学生主动参与的课堂。教师上学生感兴趣的物理课，对教学内容的重点和难点设计精益求精，教学活动不流于表象，引导学生更加深入地学习。学生主动学习，自主掌控学习节奏，积极参与教师设计的课堂活动，教师将课堂的主阵地交给学生，激发学生学习的热情与兴趣。学生不是被灌输"应该这样"，而是在感兴趣的课堂体验中自主认识到"原来如此"。

## 二、 建设"趣味课程"，丰富学科课程体系

本着与学校基础教育相辅相成的原则，将物理知识融合其他学科，体现它的科学性、综合性、趣味性。

1. 充分发挥教师的教学经验，拓展学生的知识面。在基础课程的教授过程中提

供广而浅的物理知识，丰富教材的内容，扩大学生的知识面，让学生体会到实际生活中处处有物理。学生觉得物理有趣又有用。现在的新闻信息非常丰富，很多著名的物理学家也是其他学科的佼佼者，历史名人的外传或者生平传记都能让学生看到更加全面的物理学家，如牛顿、爱因斯坦、霍金等，更加立体多维地了解物理知识。推荐学生进行阅读，互相交流，能使学生保持浓厚持久的学习兴趣。

2. 充分考虑学生的心理特点，借助趣味小实验激发学习动力。趣味小实验的资料可以依托上海科技馆、一些实验类短视频和公众号，将教材上的一些实验进行改进，将物理实验室里的实验器材换成家中容易获取的实验资源，让学生在课后依然对物理的学习充满兴趣。在设计实验的过程中，教师会考虑部分实验器材陈旧，不能吸引学生兴趣，能与时俱进根据当下社会热点或新事物进行创意更新，让学生通过充分动手动脑的实验过程提升物理学习的专注力。

3. 充分挖掘生活资源，吸引学生动手实践。物理动手小制作的资源尽量贴近生活，可以依托中小学生小创造发明中的优秀作品的展示给学生思路，激发灵感，由学生自主设计，自主选材，学生根据自身特点兴趣特长等选择研究的内容和展示的方式，为真正落实"以学生为主体"构建了途径，为展现学生个性搭建了平台。此阶段让学生充分经历探究过程，教师的教学有度，学生的学习有悟，学生自然对物理学习充满了兴趣。在兴趣和方法的指引下，主动学习物理，得到全面发展。

4. 深入概念思维导图，实现师生共创的学习效果。作为单元小结，物理教科书每一章后面有概念思维导图的填写，通过完成这部分练习对知识点进行系统的整理。依托提供的主线，让学生模仿或者根据自身学习的程度，对平时练习中容易错的知识点进行自由发挥，自己绘制概念思维导图。学生在自由绘制的时候，会根据脑海中的知识存量由熟悉到存疑点、遗忘点进行梳理，也会加入一些表情包、美术图案和版面设计，作品更加有特色、更有活力。

学生好奇、好动、好玩、有极强的创造力和求知欲，平时应对他们的学习多加以鼓励和表扬。只要激发起学生学习的兴趣，他们就会以满腔的热情，积极主动地投入到物理学习中，教学效果就会更上一层楼。

## 三、 创设"小发明摇篮"，发展学生的学习兴趣

学校的课堂时间和条件毕竟有限，学生在课余时间、日常生活中很有可能根据所学的新知识产生奇思妙想。"趣味物理"重视探究式学习，提倡学习方式的多样化，鼓励学生主动分析问题，解决问题。生活也是一个大课堂，学生除了完成学校的教学进度，若能再进行小发明，能力将更进一步。因此，我们创设了"小发明摇篮"活动，推动八、九两个年级的学生大胆尝试。

1. "小发明摇篮"活动：主要以作品单项赛的形式开展。与获得国家专利的大发明比较，小发明往往取材更加生活化、更方便、更便宜，专业要求也不那么高。通过趣味小实验，动手小制作的物理课程学习后，学生具备了一定的动手和实验探究能力。如果在学习和生活中遇到困难，势必会想能用什么办法去解决，或者想如果有什么工具就好了。基于这样的思考，学生寻找身边常见的工具，在使用过程中产生可以完善某一点的小创造灵感。作品可以是学生独立完成的，也可以是自由组合协作完成的。

2. 作品展示：首先是班级展示，然后挑选出优秀作品进行校级展示，在物理实验室的玻璃橱窗展示。非常成熟和优秀的作品有机会参加区际活动的各种展示，以此鼓励学生认真思考，大胆思维，有解决问题的勇气和具体的实践行为，可能会得到意想不到的收获。

总之，八、九年级是物理学科的启蒙阶段，教师若能充分发挥教学智慧，根据物理学科的学科特点，结合学生的心理特点和个性差异，选择合适的教学策略和灵活的方法因材施教，就能切实点燃学生学习物理的内在驱动力，主动探索物理的学习之旅。

（撰稿人：郭　颖）

# 第五章

---

## 活力化学：探究世界的活性与奥秘

　　化学是一门充满活力和希望的学科，它应当是有趣的、有启发性的、联系实际和富有希望的，探究世界的活性与奥秘是"活力化学"的旨趣。"活力化学"是有趣的，通过探究变化的奥秘，增强学生学习的兴趣；"活力化学"是有启发性的，致力于启发学生创新，释放学生的创造力；"活力化学"是联系实际的，倡导将知识应用于实践，让学生多参与实验；"活力化学"是富有希望的，紧密关联科学技术，让学生领略化学的魅力。

上海奉贤区阳光外国语学校化学教研组共三位教师，其中中级职称两名，两名为区级骨干，一名为校级骨干。教研组认真开展教研活动，积极参加市、区各级各类培训班和工作室活动，在教育科研上均取得一定的成果，积累了不少的经验。近年来组内教师在《现代教学》《成功教育研究》《我们的七彩阳光教育》等杂志或书籍上发表多篇教育教学论文。随着"二期课改"的不断深化，依据《上海市中学化学课程标准（试行稿）》，我们推进"活力化学"课程建设，取得了良好的成效。

## 第一节　化学是充满活力的学科

### 一、学科性质观和价值观

《上海市中学化学课程标准（试行稿）》中明确指出："化学是一门研究物质的组成、结构、性质和变化规律的自然科学，是研制新物质的科学，是信息科学、材料科学、能源科学、环境科学、海洋科学、生命科学和空间技术等研究的重要基础。化学对农业、工业、国防和医药等的发展有重大贡献，跟现代人的衣食住行用有密切的关系，广泛地影响着现代人类的社会生活。"[1]

初中化学是化学的入门阶段，不仅要为将来的高中化学学习打下坚实的知识基础，而且要注重培养学生学习化学的兴趣、创新意识和实践能力。《上海市中学化学课程标准（试行稿）》中同时提出："中学化学教育必须从素质教育的需要出发，以德育为核心，以创新精神和实践能力为重点，不仅发挥智育功能，而且在德育和美育方面发挥重要作用，把培养人作为最重要的任务，通过提高学生科学素养来落实'科教兴国'基本国策和满足社会需要。"

---

① 上海市教育委员会. 上海市中学化学课程标准（试行稿）[M]. 上海：上海教育出版社，2004.

基于上述认识，我们认为初中化学课程的核心价值是在研究物质的课堂中发展学生的化学素养。因此，我们构建了"活力化学"课程，希望能通过课程的学习，使学生对化学的学习产生浓厚的兴趣，逐步具备实践能力和创新意识，全面提升化学素养。

二、 学科课程理念

基于以上认识，我校提出"活力化学"的课程理念：活力化学使我们更热爱生活。让学生在实践中学习化学知识，在创新中训练化学逻辑思维能力。让学生葆有学习化学的兴趣和信心，拥有对未知信息充满求知欲的探究精神，勇于将自己的设想付诸于实验研究过程。

1. "活力化学"是有趣的。通过探究有趣的化学实验，激励学生积极探究化学变化的奥秘，增强学生学习化学的兴趣和学好化学的信心。

2. "活力化学"是创新的。通过致力于启发学生创新思维，让他们在学习化学知识的同时充分释放少年儿童的创造力，在创新中提高化学思维能力。

3. "活力化学"是实践的。通过倡导将所学化学知识应用于实践，让学生在实验室里动手实验，让所学知识被深层次地理解。

4. "活力化学"是希望的。通过关注化学与国防、生产、医药和社会生活的方方面面，让学生在生活中领略化学的魅力，使学生更热爱生活。

总之，"活力化学"倡导知行合一，强调"在做中学"和"在学中做"。教会学生播种希望和兴趣，尽情释放创造力，努力收获成功与快乐。

## 第二节　成为活跃的化学学习者

依据《上海市中学化学课程标准（试行稿）》所提出的上海市普通中小学课程总目

标旨在培养学生：初步形成正确的人生观、价值观和世界观，具有民族精神和国际视野、民主与法制意识和社会责任感；具有适应终身学习的基础知识、基本技能和学习策略；具有初步的创新精神、实践能力和可持续发展能力；具有基本的人文素养和科学素养；具有健康的个性和良好的身心素养，养成健康的审美情趣和生活方式，成为有理想、有道德、有文化、有纪律的公民。[①] 在学生的成长过程中，希望和兴趣是学生努力学习的动力，我们的课程创立的主要目的是让学生得到化学思维能力的提升，产生对化学学习的兴趣，同时在学习过程中启发学生的创造力和可持续发展的能力，成为一个活跃的、具备一定科学素养的化学学习者。

## 一、 学科课程总体目标

《上海市中学化学课程标准（试行稿）》提出的总目标是："通过中学化学课程的学习，学生应认识到化学是一门基础性、创造性和实用性的学科。"在认识以上课程总目标的基础上，我校"活力化学"制定的总体目标是：既要帮助学生进一步巩固和发展所需要的化学基础知识和基本技能，也要引导学生体验科学探究的基本过程和方法，鼓励学生在科学探究的过程中发挥创造力，通过收获创新成果，树立学生学习化学的信心。

具体而言，我校提出的化学学科课程目标如下：

### （一）基础知识和基本技能

认识简单的单质和化合物，理解化学的基本概念和基本理论，认识学会用化学语言表达常见的化学物质和物质的变化，初步学会解释简单的化学现象和事实。初步学会用物质的量对化学物质和化学变化进行量的描述和简单计算。认识常见的化学仪器，掌握简单的化学实验操作，初步学会做实验记录并进行分析和处理，能设计简单的化学实验。

---

① 上海市教育委员会. 上海市中学化学课程标准（试行稿）[M]，上海：上海教育出版社，2004：3.

## （二）基本过程和方法

初步了解科学探究的一般过程及观察和实验等科学研究的一般方法。初步具有收集、选择、加工信息及利用信息进行推理的能力，初步具有选择和运用学习工具的能力。能在学习过程中开展师生间、学生间的交流与合作，初步具有独立学习和合作学习的能力。

## （三）科学探究精神、创新意识与社会责任

培养热爱祖国的情感，具有民族自尊心和民族振兴意识。初步了解生活中的一些化学问题，初步认识化学对社会发展的重要性，具有学习化学的好奇心和探究欲。初步养成尊重事实的科学态度和勇于探索的科学精神。关心与化学有关的社会问题，初步形成保护环境及合理使用自然资源的意识和社会责任感，初步形成人与自然和谐发展的观念，初步树立可持续发展的思想和正确的价值观。[①]

## 二、 学科课程年段目标

根据课程标准的要求，结合我校化学学科课程总目标和九年级的学情，我们设置了九年级"活力化学"课程目标（见表 5-1）。

表 5-1 "活力化学"课程九年级目标表

| 学期 | 上学期 | 下学期 |
|---|---|---|
| 目标 | **第一单元**<br>共同要求：<br>1. 能描述物理变化、化学变化。<br>2. 知道氧气的性质及用途。<br>3. 知道存在于自然界中的溶液。<br>4. 知道空气的主要成分是氮气和氧气以及它们所占的体积分数。<br>5. 认识常见的有机溶剂。 | **第一单元**<br>共同要求：<br>1. 知道生活中的一些科技产品的使用注意事项，达到无污染排放。<br>2. 认识尿素。<br>3. 知道常见化肥的使用和优缺点。<br>4. 知道钾、钠、钙、钡、铜等各种金属元素特征的焰色。 |

---

[①] 上海市教育委员会. 上海市中学化学课程标准（试行稿）[M]，上海：上海教育出版社，2004：67.

| 学期 | 上学期 | 下学期 |
|---|---|---|
| | 校本要求：<br>1. 比较熟石灰、油漆这两种涂料。<br>2. 能说出常见有机溶剂的应用。<br>3. 了解居室污染产生的原因及防治措施。<br>4. 调查衣服干洗剂的种类及洗涤原理。<br>**第二单元**<br>共同要求：<br>1. 辨识 24 个常用元素符号。<br>2. 能辨识磷的同素异形体：红磷和白磷。<br>3. 能说出碳的同素异形体的用途。<br>4. 能完成简单的实验操作。<br>校本要求：<br>1. 认识原子的构成。<br>2. 认识原子结构示意图。<br>3. 知道核电荷数、质子数、核外电子数三者之间的关系。<br>4. 知道粒子概念。<br>5. 理解简单离子中质子数与核外电子数的关系。<br>6. 认识常见的离子。<br>7. 收集有关单质碳的资料并进行交流。<br>**第三单元**<br>共同要求：<br>1. 能熟记常见元素的化合价。<br>2. 初步学会设计简单探究实验，验证常见物质的主要成分。<br>校本要求：<br>1. 能用物质的量进行有关化学式、化学方程式的计算。<br>2. 设计具有启普发生器功能的简易气体发生装置。<br>**第四单元**<br>共同要求：<br>1. 能对可燃物燃烧条件的探究实验进行对比分析，培养条件控制方法。<br>2. 认识氢气的稳定性和密度比空气小的性质及它的用途。<br>3. 认识生活中常见的金属材料及其合金，知道合金的优良性质在生活中的应用。 | 校本要求：<br>1. 调查各种化肥的肥效、价格及使用者对它们的评价。<br>2. 增强安全意识，逐步树立珍惜资源、爱护环境、合理使用化学物质的可持续发展观念。<br>3. 利用学过的化学知识，通过查找相关资料，在有安全保障措施的情况下自制焰火。<br>**第二单元**<br>共同要求：<br>1. 掌握溶解度曲线的应用。<br>2. 认识结晶的原理。<br>3. 知道潮解的概念。<br>校本要求：<br>1. 知道风化的概念；认识重结晶的原理。<br>2. 通过分离氯化钠与硝酸钾的混合物，初步学会结晶与重结晶的实验操作。<br>3. 探究孔雀石【$Cu_2(OH)_2CO_3$】受热分解的产物。<br>4. 知道常见的易风化或易潮解的物质。<br>**第三单元**<br>共同要求：<br>1. 知道氢气还原氧化铜的原理及装置。<br>2. 通过对反应条件的分析，逐步树立崇尚科学，反对迷信的观念。<br>3. 掌握发生复分解反应的条件。<br>校本要求：<br>1. 了解现代成熟的生产工艺经历的历史、发展演变过程。<br>2. 能从化合价的变化认识氧化还原反应。<br>3. 能从化合价的升降判断氧化剂与还原剂。<br>**第四单元**<br>共同要求：<br>1. 知道铁锈的主要成分。<br>2. 知道防锈的方法。<br>3. 知道除锈的方法。<br>校本要求：<br>1. 参观石油化工厂或观看其录像资料，了解上海的石化发展水平及主要石化产品。 |

| 学期 | 上学期 | 下学期 |
|------|--------|--------|
| | 校本要求：<br>1. 认识金属材料、非金属材料、高分子材料。<br>2. 调查我国金属资源的分布、利用及其与价格的关系。<br>3. 了解生活中使用的金属制品，比较其性能、价格。<br>4. 了解金属冶炼的历史。<br>**第五单元**<br>共同要求：<br>1. 辨识常见物质的化学式。<br>2. 能说出六大营养素。<br>校本要求：<br>1. 能说出生活中糖类。<br>2. 能列举生活中的油脂。<br>3. 能辨别生活中的蛋白质。 | 2. 知道铜锈的主要成分。<br>**第五单元**<br>共同要求：<br>1. 知道生活中某些简易技术中包含了化学反应原理和高科技。<br>2. 知道自然界中水的自净方式，认识到水的自净是有限的。<br>校本要求：<br>1. 知道酿酒的原料。<br>2. 认识酿酒的过程。<br>3. 知道酒化酶的作用。<br>4. 尝试自制酒酿。 |

总之，我们紧紧围绕以上课程目标开展"活力化学"课程，让"活力化学"成为学生热爱化学的源泉，让"活力化学"成为学生提高化学素养的台阶，让"活力化学"成为初高中衔接的基石。

## 第三节　赋予化学学习生活以魅力

为实现上述课程目标，我们设立"活力化学"系列课程，要求学生依据自身学业发展和兴趣需要，实行自主选修相关课程，培养学生的逻辑思维能力。

### 一、"活力化学"课程结构

《义务教育化学课程标准(2011年版)》指出：依据学生的已有经验、心理发展水平和全面发展的需求选择化学课程内容，力求反映化学学科特点，重视科学、技术与社会的联系，以"科学探究""身边的化学物质""物质构成的奥秘""物质的化学变化"和"化学与社会发展"为主题，规定具体的课程内容。[①] 紧紧围绕课程标准对于初中化学在教学内容选择上的多角度需求、个性化特点和多方面联系，我们在"活力探究、活力生活、活力结构、活力变化、活力生产"五个方面进行课程构建，赋予了化学学习生活以魅力，从而形成了化学学科"活力化学"课程（见图 5-1）。

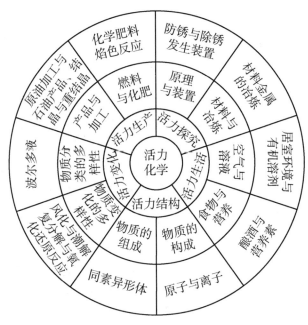

图 5-1 "活力化学"课程结构图

## （一）活力探究

我们的"活力探究"是指教师在教学过程中要充分利用教材中的探究素材，给学生搭建实验探究的平台，通过调查、收集、选择、加工信息让学生在探究中深层次理解知

---

① 中华人民共和国教育部. 义务教育化学课程标准（2011 年版）[S]，北京：北京师范大学出版社，2011：4.

识,有效培养学生的化学逻辑思维能力,利用信息进行推理的能力和初步具有选择和运用学习工具的能力,最终达到应用性理解。为了节约资源,学生可利用生活中的废弃材料完成简单的化学实验,并通过发生装置的创意组装和创新设计,激发学生的创造潜能和探究欲望。

### (二) 活力生活

我们的"活力生活"是指教师在教学过程中一定要联系生活中常见的化学素材,以生活中的例子为情景引导,以化学问题为驱动,逐步构建与生活紧密相连的化学课堂。在充分体现生活应用性的学习与活动过程中,学生初步解决生活中的一些化学问题,知道一日三餐中包含的六大营养素,了解生产中常用物质的来源或制取方法等。让学生了解现代成熟的酿酒生产工艺经历的历史、发展演变过程,让学生感知到化学就在我们身边,学好化学要从学好身边的化学开始。

### (三) 活力结构

我们的"活力结构"是指教师在学生积累了一定量的化学用语、实验现象后,积极地在课堂上引导学生从微观世界的角度来认识化学中的变化。我们鼓励部分学有余力的学生从原子结构入手学习元素的化学性质,这样有利于学生理解化合价的来源,有利于理解元素化合的原因。我们应用现代信息技术展示分子拆分成原子,原子重新组合成新分子的过程,让学生理解化学变化前后质量守恒的实质。我们还有目的地设置问题,让学生从微观的角度分析问题的能力。最终通过这一课程的学习,学生能基本理解物质组成的元素观和物质构成的微粒观,学生能理解"结构决定性质,性质决定用途"的化学结构观,学生能正确建立"宏观-微观-符号"三者的表征。

### (四) 活力变化

我们的"活力变化"是指教师在教学过程中引导学生尽可能多地认识物质,在积累了足够多的物质的基础上,鼓励学生对所学物质进行分类研究,并从中感悟物质分类在化学研究中的重要意义。教师在教学过程中引导学生尽可能多地掌握物质之间的反应原理,并能用化学方程式正确表示,鼓励学生对所学物质进行分类研究,并从中感悟反应类型分类在研究化学变化中的重要意义。对于部分学有余力的学生,鼓励他们从化合价升降角度认识氧化还原反应,鼓励他们用化学语言表达常见的化学物质,如波尔多液的配制,鼓励他们认识物质的变化,如风化与潮解等。

### (五) 活力生产

我们的"活力生产"是指教师在教学过程中要引导学生逐步认识化学对社会发展的重要性。让学生通过查阅资料去了解烟花、焰火在中国发明的历史记载。教师在教学中紧密联系生产实际,如通过"冬天捞碱、夏天晒盐"的生产情景,引导学生认识结晶与重结晶的原理。在学习有机物的概念时,联系尿素的发现以及人工合成,学生不仅知道了尿素是最重要的有机氮肥,而且还认识到尿素的合成是人类历史上的一项重要发明,是化学科学从无机物转化到有机物的开始。最终学生认识到社会的发展离不开化学学科,认识到学习化学是有用的。

### 二、"活力化学"课程设置

我校"活力化学"课程设置思路：选择已有一定化学基础的九年级学生为教学对象,通过构建"活力化学"课程,帮助学生将所学知识与环境、化工技术、前沿技术与材料等联系起来,建立化学与生活、社会发展紧密相关的认识,促使学生感悟化学会使生活更美好。我们设定不同的主题,纵向来看,做到与教材的单元设计同步并能合理补充、适度提升,有利于知识的衔接和深层次理解;横向来看,涵盖五个维度的学习,体现环环相扣,符合由易到难的认知规律。具体课程设置如下（见表5-2）：

表 5-2　"活力化学"课程设置表

| 课程类别<br>年级学期 | | 活力结构 | 活力变化 | 活力生活 | 活力探究 | 活力生产 |
|---|---|---|---|---|---|---|
| 九年级 | 上 | 物质的组成 | 物质分类的多样性 | 空气与溶液 | 原理与装置 | 产品与加工 |
| | 下 | 物质的构成 | 物质变化的多样性 | 食物与营养 | 材料与冶炼 | 燃料与化肥 |

## 三、学科课程内容

依据上面表 5-2 设置的不同主题，根据《上海市中学化学课程标准（试行稿）》的相关内容，我们将"活力化学"的课程内容，从课程名称、课程目标及具体的活动内容方面作了全面梳理，具体课程内容设计安排如下（见表 5-3）：

表 5-3　"活力化学"课程内容表

| 课程名称 | 课程目标 | 具体活动内容 |
|---|---|---|
| 空气与溶液 | 1. 知道空气的主要成分及其性质和主要用途。<br>2. 知道空气的污染和防止措施。<br>3. 理解物质的溶解。<br>4. 掌握溶解度、溶液中溶质质量分数的简单计算。<br>5. 知道结晶、结晶水合物、溶液的溶解性。<br>6. 比较熟石灰、油漆这两种涂料。<br>7. 认识常见的有机溶剂。<br>8. 能说出常见有机溶剂的应用。 | 1. 探究空气中氧气的体积分数。<br>2. 调查引起本地区酸雨污染的主要物质。<br>3. 观察各种气体、固体、液体在水中的分散情况。<br>4. 查阅资料，了解居室污染产生的原因及防治措施。<br>5. 调查衣服干洗剂的种类及洗涤原理。 |
| 物质的组成 | 1. 分析物质的元素组成。<br>2. 知道元素的存在形态。<br>3. 知道元素符号的概念并认识 21 种元素符号。<br>4. 知道同素异构现象和同素异形体概念。<br>5. 知道氧元素和碳元素的常见同素异形体。<br>6. 知道常用元素和原子团的化合价。<br>7. 理解化合价与化学式的关系并能熟练运用。 | 1. 调查常见元素在自然界中的存在形态。<br>2. 通过查找资料，分享有关"元素之最"的知识。<br>3. 收集有关单质碳的资料并进行交流。 |

| 课程名称 | 课程目标 | 具体活动内容 |
|---|---|---|
| 物质的构成 | 1. 知道分子、原子、离子、原子团的概念和式量的简单计算。<br>2. 认识原子的构成和原子结构示意图。<br>3. 知道核电荷数、质子数、核外电子数三者之间的关系。<br>4. 理解简单离子中质子数与核外电子数的关系。<br>5. 认识常见的离子。 | 1. 通过查阅资料，制作成 PPT，介绍分子和原子。<br>2. 绘制 1－20 号元素的原子结构示意图和常见离子结构示意图。<br>3. 用球棍模型来表示分子内原子间的连接。 |
| 原理与装置 | 1. 用物质的量进行有关化学式、化学方程式的计算。<br>2. 认识启普发生器及其工作原理。<br>3. 知道防锈和除锈的方法。<br>4. 掌握实验室制取氧气、二氧化碳气体的发生装置、收集装置、检验方法、验满方法。 | 1. 设计具有启普发生器功能的简易气体发生装置。<br>2. 分享对物质的量意义的理解。<br>3. 以摩尔为单位来计量常见的化学物质。<br>4. 探究除去铁锈的合理方法。 |
| 材料与冶炼 | 1. 理解金属活动性顺序。<br>2. 根据金属的活动性顺序判断置换反应的可能性。<br>3. 认识金属材料、非金属材料、高分子材料。<br>4. 了解金属冶炼的历史。 | 1. 调查我国金属资源的分布、利用及其与价格的关系。<br>2. 查阅资料，了解生活中使用的金属制品，比较其性能、价格。<br>3. 设计实验比较金属活动性强弱。 |
| 食物与营养 | 1. 能辨别生活中的蛋白质。<br>2. 能说出生活中糖类。<br>3. 能列举生活中的油脂。<br>4. 知道酿酒的原料和过程。<br>5. 知道酒化酶的作用。<br>6. 知道有机物的概念以及有机物和无机物的区别。<br>7. 知道五种常见的有机物（甲烷、酒精、淀粉、蔗糖、葡萄糖）。 | 1. 说出一日三餐中所含的六大营养素。<br>2. 尝试自制酒酿。<br>3. 通过职业体验和参观活动，了解现代成熟的生产工艺经历的历史、发展演变过程。 |
| 燃料与化肥 | 1. 知道碳及其化合物的性质和用途。<br>2. 知道燃料充分燃烧的方法和意义。<br>3. 知道常见金属元素的焰色。<br>4. 认识尿素；知道常见化肥（硫酸铵、碳酸氢铵、硝酸铵）的使用情况和优缺点。<br>5. 能根据焰色判断钠元素和钾元素的存在。<br>6. 知道氮、磷、钾三大化肥。 | 1. 利用学过的化学知识，通过查找相关资料，在有安全保障措施的情况下自制焰火。<br>2. 调查各种化肥的肥效、价格及使用者对它们的评价。<br>3. 调查常见家用燃料的主要成分、来源和燃烧产物。 |

续表

| 课程名称 | 课程目标 | 具体活动内容 |
|---|---|---|
| 物质变化的多样性 | 1. 知道常见的还原剂(氢气、一氧化碳)。<br>2. 知道潮解、风化的概念。<br>3. 能从得氧和失氧的角度,分辨氧化反应和还原反应、氧化剂和还原剂。<br>4. 知道常见的易风化或易潮解的物质。<br>5. 掌握发生复分解反应的条件。<br>6. 能从化合价的升降判断氧化剂与还原剂。<br>7. 能从化合价的变化认识氧化还原反应。 | 1. 探究孔雀石【$Cu_2(OH)_2CO_3$】受热分解的产物。<br>2. 能说出日常生活中的物理变化和化学变化。<br>3. 能设计实验验证质量守恒定律。<br>4. 梳理学过的化学反应,能将其按照反应基本类型分类。<br>5. 能借助酸碱指示剂判断无明显现象反应的发生。<br>6. 能通过实验证明中和反应放热。 |
| 物质分类的多样性 | 1. 能辩证认识并判断纯净物和混合物。<br>2. 能理解氧化物的分类方法和性质。<br>3. 知道酸、碱、盐的分类、命名、性质及用途。 | 1. 比较稀盐酸和稀硫酸的通性。<br>2. 通过调查知道氯化钠和硫酸铜的主要用途。<br>3. 能用化学方程式表示《石灰吟》诗句中的化学变化。 |
| 产品与加工 | 1. 知道铜锈和铁锈的主要成分。<br>2. 知道水被污染的原因及常见净化方法(过滤、吸附、消毒)。<br>3. 能用过滤的方法分离固体和液体的混合物。<br>4. 能用结晶法分离混合物。<br>5. 认识结晶和重结晶的原理。 | 1. 探究除去铁锈的合理方法。<br>2. 参观石油化工厂或观看其录像资料,了解上海的石化发展水平及主要石化产品。<br>3. 通过分离氯化钠与硝酸钾的混合物,初步学会结晶与重结晶的实验操作。 |

## 第四节　带领孩子们领略化学的魅力

《上海市中学化学课程标准(试行稿)》关于课程的实施要求是:"以教学研究为先导,要将课程的理念、目标、内容与要求转化为可以操作、行之有效的做法。"[①]为了激

---

① 上海市教育委员会.上海市中学化学课程标准(试行稿)[M],上海:上海教育出版社,2004:92.

起学生探索问题的欲望，"活力化学"课程提出：回归现场、领略化学的魅力。课程将从构建"活力课堂"、建设"活力化学"课程、举办"活力化学节"、创建"活力化学社团"和开展"活力化学"职业体验等五个方面助力课程高品质地实施。从而让儿童的学习更具有生活化情境，使儿童的思考更具有启发性，让儿童的练习更具有针对性，使儿童的实践更具有挑战性，在此过程中带领孩子们领略化学的魅力。

## 一、 构建"活力课堂"，提升课程实施品质

《上海市中学化学课程标准（试行稿）》要求教学过程"应贯彻教师为主导、学生为主体相结合的原则"，"教师在重视学生获取教学结论的同时，更要十分重视学生认知能力的培养和发展"。[①] 我们构建"活力课堂"，让化学课堂由教师主讲-学生练习模式转化为情境与问题引导、任务与评价驱动相结合的模式，而这种教学模式的转变不仅仅是教学形式上的改变，更重要的是教师从教学理念、教学设计、教学内容等方面的改变，最终使学生建立正确的化学元素观、变化观、物质观。具体如下：

### （一）转变教学观念，运用"导学案"理性引导教与学

我们提升教学水平的关键是教会学生独立思考和综合归纳的能力，一个成功的教师在教学中应发挥更大的引导作用，教师根据学生的已有经验和认知规律，将教学内容设计成贯穿整节课的"导学案"。一方面，为了使学生能主动地建构知识，我们依据学生的认知水平、知识经验，将教案中的引导、问题、讨论、分析等以填空的形式穿插在"导学案"中，并且在"导学案"的学习目标中，我们清晰地表述了学什么、如何学以及学到什么程度；另一方面，我们引导学生将预习过程中产生疑问和课堂上解决疑问的过程记录在"导学案"的空白处，逐步培养学生自主解决问题能力；我们也引导学生利用"导学案"进行自主复习，然后按照"学了什么，测什么"的原则自主出题，逐渐培养学生

---

① 上海市教育委员会.上海市中学化学课程标准（试行稿）[M].上海：上海教育出版社,2004：93.

的自主复习能力；根据"错了什么，做什么"的原则，引导学生将"导学案"上的错题整理后再做，逐步培养学生的自主纠错能力。这样，我们的"导学案"就具有了导学、导思、导测、导练的功能。

**(二) 优化教学方式，有效促进师生、生生互动**

教师先以各种教学情境引入，激发学生学习兴趣；再抛出教学问题，引导学生积极思考；然后布置探究任务，指导学生科学探究；继而创设交流平台，鼓励学生大胆评价；最后通过练习与反馈，促进学生认真反思。从心理学的角度看，教学的情境和问题是激发学生心理活动的环节。教学情境能激发儿童好奇、好问的天性，使课堂教学从一开始就吸引了学生的眼球；教学问题从心理上抓住了学生的求知欲，使学生主动思考解决问题的方法。从社会学的角度看，探究和评价是一个师生和生生之间的人际交往过程。因此，组内成员之间的协作探究能培养学生的团结合作和组织协调能力，而小组交流评价能培养学生的逻辑思维和语言表述能力。

总之，"活力化学"课堂就是教师运用自己的情智，进行多角度、多样化的设计，充分调动学生的积极性，使学生情智交融，协调发展。

**二、 建设"活力化学"课程，促进学生个性化发展**

《上海市中学化学课程标准（试行稿）》关于拓展型课程的要求是"着眼于培养、激发和发展学生的兴趣爱好，开发学生的潜能，促进学生个性化发展，形成学校的办学特色。"我们构建的"活力化学"课程以"1＋X"模式建设，它是建立在化学基础课程上的多个拓展型小课程。具体实践操作如下：

我校"活力化学"课程从"活力探究、活力生活、活力结构、活力变化、活力生产"五个方面进行课程构建，从而形成化学拓展课的知识结构。通过课堂教学、实验探究、微课题、参观工厂或观看视频等方式来实施课程内容，落实化学课程目标，发展学生的化学思维，体现课程的核心价值：在研究物质的课堂中发展学生的化学素养。

"居室环境与有机溶剂"的学习安排在第一单元学习了变化和性质后。学生学习熟石灰和油漆涂料这两块知识，一方面是增加学生化学基础知识，让学生对常用化学用语从陌生到熟悉的认知进程，另一方面是为粗盐提纯中初步涉及的溶液做铺垫，有利于学生理解溶解性这一块物理性质。而有机溶剂和衣服干洗剂的使用也会一定程度上产生环境的污染，然后自然过渡到空气成分的学习。

"原子与离子、同素异形体"的学习安排在第二单元学习了构成物质的微粒后。学生学习原子和离子这一块知识，可以拓展对原子概念的理解，同时离子的学习为第二学期酸碱盐的综合学习打下坚实的基础，是进入后期教学的重要台阶。学生在学习了单质和化合物概念后，对于单质的概念容易产生误解，"同一种元素组成的物质"可能是纯净物、单质或混合物，此时进入同素异形体的概念的学习，学生更容易理解。

"发生装置与化学计算"的学习安排在第三单元学习了水的组成后。学生学习化学计算这一块知识，可以拓展对水的组成的定量研究，同时也是巩固前一单元计算内容。而发生装置的学习是以第二单元氯酸钾制取氧气时采用的"固固加热型"和"固液不加热型"装置的复习，又是为后面实验室制取二氧化碳的学习做铺垫。

"材料、金属的冶炼"的学习安排在第四单元学习了木炭和氢气还原氧化铜后。学生学习金属的冶炼这一块知识，可以更好地使学生理解"性质决定用途，用途体现性质"这一化学性质观。而材料的学习为第五单元金属及金属材料的学习打下坚实的基础，有利于提高学生的学习质量。

"营养素"的学习是上教版化学第二学期教材第七章的知识，属于拓展内容。提前学习是为"酿酒"的学习做准备的。这两块内容都是为了增加学生的课外知识，培养学生的化学学习兴趣，感悟化学与生活、生产的密切联系。

"焰色反应与化学肥料"的学习安排在第六单元学习了盐的性质之后。学生拓展学习其他金属元素的焰色反应和化肥的知识，是对基础性课程的必要补充。

"结晶与重结晶、风化与潮解"的学习安排在第五单元学习了氢氧化钠后。学生学习风化与潮解这一块知识，可以更好地理解氢氧化钠的潮解性质，也学习了碳酸钠晶体的风化性质，使得在学习风化与潮解的知识时，两者相辅相成。"重结晶"的学习是对"结晶"学习的延伸，有利于学生理解结晶的知识。

"复分解与氧化还原"的学习安排在第四单元学习了木炭、氢气还原氧化铜后。学生学习从元素化合价的升降角度认识氧化还原反应并学会判断氧化剂、还原剂，升华对氧化还原的认识，衔接初高中化学。复分解反应发生的条件的学习是为第五单元酸碱知识做好铺垫，有利于学生较早地书写酸碱盐之间的化学反应方程式。

"原油加工与石油产品、防锈与除锈"的学习安排在第五单元学习了盐酸、硫酸的化学性质后。学生学习防锈与除锈，结合石油产品中的防锈油，多角度认识物质的性质与用途之间的联系。

### 三、 构建"活力化学节"，浓郁学科课程氛围

我们设立"活力化学节"，力求让纯洁的化学空气弥漫在学生的学习过程中，我们的活动主题是："活力化学，探究世界的活性与奥秘！"为了使活动有计划地进行，我们固定活动的时间是第一学期第 12—15 周的拓展课。为了使活动能够深入开展，每个班级设计出像样的活动口号和宣传板报渲染节日的氛围。为了使每一个学生都参与到活动中，我们安排全体学生观看化学史视频《BBC 化学史》。为了提高活动的参与率，我们设立了创新实验设计比赛、单元思维导图创作比赛、基本实验操作比赛、化学歌曲改编及歌唱比赛等参加校评比。为了增加学生参与活动的积极性，我们的"活力化学节"主要以学生的参与和比赛为主，设立班级奖励和学生个人单项奖。

### 四、 构建"活力化学社团"，激发实验探究热情

我们针对部分学有余力的九年级学生，以学生自荐和任课老师的推荐相结合的方式，组建"活力化学社团"。我们成立社团主要是为了满足部分学有余力且对化学有浓厚学习兴趣的学生学习化学知识的需求。社团主要从事实验探究有关的学习活动，有利于学生的化学知识的初高中衔接和化学逻辑思维能力的培养。为了培养学生节约

的良好习惯和化学逻辑思维能力,我们鼓励学生利用生活中的废弃材料搭建初中化学常见的发生装置。对于一些具有研究价值的物质的性质,要求学生积极思考探究方案,鼓励学生在师生一起论证可行性和安全性的前提下,在教师的引导下尝试新的实验方法。对于一些实验现象不明显、气体收集纯度不高、不符合绿色化学理念的实验装置,要求学生积极思考改良策略,并论证可行性,最后实践改进实验装置。为了不影响学生在校的正常学习,社团活动的时间由学生决定,多以假期为主。为了保证实验的安全性,我们要求学生根据所学知识自行设计实验方案,方案经论证通过后,由教师指导在实验室进行创新实验探究。

### 五、 构建"活力化学"职业体验，促进认识学科社会价值

为了让中学化学的课堂延伸到社会领域,加强知识的实用性研究,从而形成我校的校本课程资源。学校与相关企业进行联系后,使得学生进企业实地学习考察,将实地资源与书本上的知识、技能有机联系起来,即创建职业体验情境(参观、访谈、模拟),促进学生认识与化学有关的职业所具有的独特的社会价值,以此鼓励学生用化学的眼光看待物质世界,激发学生学习化学的兴趣并提升学习品质。

我们让全体九年级学生以班级为单位、利用拓展课的时间参加"奉贤南桥鼎丰酱园"职业体验活动。为了提高学生的社会实践活动能力,我们要求学生能积极模拟社会生活、认真体验社会角色,以了解成人社会的辛苦劳动过程,同时希望学生在参观、访问、社会调查和实践后,能开阔视野,感悟化学在现实生活中的重要作用;为了保证体验活动的安全,我们要求各班按 6 人一组分组,每组设立一个组长,实行组长负责制,每组组长负责带领组员开展活动,同时注意组员的文明礼仪和安全防范;为了保证体验活动的效果,我们要求学生活动前分组查找、搜集有关奉贤南桥鼎丰酱园的文字和图片资料,对活动有充分了解;为了丰富体验活动的成果,我们要求每个组将活动照片打印出来,配上文字进行解说,贴在 A4 纸上,每个学生写好活动小结,学校评选优秀小组和优秀学员。最终我们希望学生在这次的职业体验活动中学到一些知识,掌握

一些本领，体会一份劳动的快乐，获得一份难忘的感受。

　　总之，"活力化学"的教学内容既跨学科又跨学段，知识的涉及面比较广，这就要求教师必须不断丰富自己的专业知识和理论素养，同时还要在教学过程中实践先进的教育理念，丰富教学形式和教学方法，不断提高自己的教学能力。在整个实施过程中还要把握好"活力化学"课程的方向，让参加"活力化学"课程的学生始终保持对化学的学习兴趣和信心，始终保持对未知信息的求知欲，始终勇于将自己的设想付诸实验探究过程中，最终达到学生在实践中学习化学知识和训练化学的逻辑思维能力的目的。

（撰稿者：王卫东）

# 第六章

## 多彩生命：让生命在实践中绽放异彩

生命是短暂、脆弱的，但也是幸福、精彩的，让"生命绽放异彩"是"多彩生命"的教育宗旨。"多彩生命"是充满自信的，以睿智眼光去发现生命的美好，珍视人生的经历与磨炼；"多彩生命"是善于思考的，以胸怀天下去感悟生命的伟大，思索生命的意义与价值；"多彩生命"是勇于实践的，以卓越见识去体验生命的精彩，认识生命的坚毅与顽强；"多彩生命"是肩负使命的，以笃行致远去探寻生命的真谛，实现人生的目标与追求。

上海市奉贤区阳光外国语学校生命科学教学工作由两位高级教师承担：一位是区骨干教师，多年的教研组长；另一位，注重理论与实践相结合，撰写的多篇论文获奖并发表。所在教研组先后获得"区优秀教研组""区十佳课堂改革先进教研组"称号。

依据《义务教育生物学课程标准(2011 年版)》："期望每一个学生通过课程学习，能够在探究能力、学习能力和解决问题能力方面有更好发展；能够在责任感、科学精神、创新意识和环境意识等方面得到提高。"①在此引领下，我校在推进生命科学学科课程建设方面，已取得了良好的成效。

## 第一节　发现生命的美好

### 一、 学科性质观和价值观

生命科学是以生命为研究对象的科学与技术的总称。《义务教育生物学课程标准(2011 年版)》中指出："生物学课程期待学生主动地参与学习过程，在亲历提出问题、获取信息、寻找证据、检验假设、发现规律等过程中习得生物学知识，养成理性思维的习惯，形成积极的科学态度，发展终身学习的能力。"②

生命只有一次。只有掌握了有利于自身身心健康发展的生物学知识，抓住各种实践探究的机会，学会运用所学知识分析和解决生活实际问题，乐于探索生命奥秘，敢于跨出教材实践，才能做到珍爱生命、热爱自然，养成良好的生活习惯，确立积极的生活态度，正确理解人生的意义与价值，发现生命的美好与神奇，让生命活出精彩、散发

① 中华人民共和国教育部. 义务教育生物学课程标准(2011 年版)[S]. 北京：北京师范大学出版社，2012：1.

② 中华人民共和国教育部. 义务教育生物学课程标准(2011 年版)[S]. 北京：北京师范大学出版社，2012：2.

光芒。

基于以上认识,我们将各科核心概念、相关事实、实践经验与实践技能串联起来,并联系实际和中考改革需要,在教师有针对性地指引与点拨下,让学生深入到真实问题情境中去探索、去认知、去获取,从而自发地产生学习的积极性和主动性,让课程彰显生命教育特色与科学探究的教学方式。

## 二、 学科课程理念

基于上述观点,我们提出了"多彩生命"的学科课程理念。我们期望每一个孩子通过课程学习,参加多姿多彩、丰富有趣、快乐充实的生命科学实践与探究活动,让有限的生命绽放出无限异彩!

### (一)"多彩生命"是充满自信的

通过生命科学课程的实施,帮助学生树立珍爱生命、关爱他人的意识。树立正确的人生目标与价值观,不虚度光阴,积极参与实践探究活动。在不断学习中,增强自信,勇于实践,体验快乐。

### (二)"多彩生命"是理性思维的

努力提供或创造一些给学生思考与质疑的机会,运用逻辑推理的方法,引导学生深入思考,并依据真实现象与实验结论等展开分析讨论,充分展现学科课程理性思维的特点,体现教师对培养学生严谨科学的理性思维的重视。

### (三)"多彩生命"是参与体验的

学好知识与技能的同时,学生随时会面临遇到问题、分析问题、解决问题的困境与需求,学生在解决问题的过程中,只有通过实践探索,才能获得学科核心素养与实验探究的过程与方法。因此,充分运用与学科相关的热点资料与技术发展,将基础型课程进行校本化设计，教材开发与跨学科整合，增强跨学科体验，找寻跨学科契机，为学生体验不同精彩人生、尊重实验事实，创造各种有利条件与机会。

### (四) "多彩生命"是肩负使命的

让学生结合课堂教学，参与学科热点以及社会现象、学科技术发展的研讨与讨论。因为学生通过学校的学习之后，终有一日会踏上社会，当面临国家、社会有大事发生时，能有判断决策的能力，及时献计献策，并为之付诸行动。养成"家事、国事、天下事，事事关心"的习惯，从而树立起以社会、天下为己任的意识与担当。

总之，我们的"多彩生命"课程，不仅敢于跨学科，更是跨出教材、跨出新意、跨出新天地，真正达到跨学科教育教学以及懂得珍爱生命、让生命活出精彩的最终目的。

## 第二节　感悟生命的伟大

### 一、学科课程总体目标

《义务教育生物学课程标准(2011 年版)》提出，课程的总目标是："获得生物学基本事实、概念、原理和规律等方面的基础知识，关注这些知识在生产、生活和社会发展中的应用。初步具有生物学实验操作的基本技能、一定的科学探究和实践能力，养成科学思维的习惯。理解人与自然和谐发展的意义，提高环境保护意识。初步形成生物学基本观点、创新意识和科学态度，并为确立辩证唯物主义世界观奠定必要的基础。"[①]

---

① 中华人民共和国教育部. 义务教育生物学课程标准(2011 年版)[S]. 北京：北京师范大学出版社，2012：5.

为此，我们以生命科学探究的科学思想、科学方法为依据，秉持科学探究活动中以全体学生的全面发展、学生个性健康发展、学生可持续发展为目标，以科学评价方式及其管理，为学生开设基础型、拓展型课程，努力提供教学所需的支持与帮助，提升学生热爱生活、关注社会的积极情感以及自主探究、勇于实践的科学精神，逐渐形成实事求是的科学态度、严谨扎实的科学作风、有担当有意识的品质与己任。具体目标如下：

1. 通过实验与观察，逐步养成学生发现问题、提出问题、解决问题的科学思维习惯和探究习惯。

2. 熟练掌握对照实验的一般方法与步骤，学会"控制变量法"这一实验原则，能设计并实施实验，能运用科学方法、科学原理解释实验现象与结论。

3. 通过小组合作与探究，提高团队意识与合作精神。

4. 学会收集与分析资料，用科学的方法处理数据，获取结论。

5. 具备一定的生命科学实验操作的基本技能、科学探究与实践能力。

6. 正确使用科学实验工具、仪器以及各种试剂。具备一定的操作技能，掌握一定的操作要领。

7. 通过填写观察记录表、实验报告或撰写小论文、小组交流与讨论等经历，逐步增强学生语言描述能力、表达能力和交流能力。

8. 养成科学的探索精神与创新精神，养成关注与生命科学有关的社会热点问题、环境污染问题等学习习惯。

## 二、 学科课程年段目标

基于《义务教育生物学课程标准（2011 年版）》和《初中地理和生命科学学科中开展跨学科学习的教学指导意见（试行稿）》等要求，紧紧抓牢各年级学生学习认知规律以及心理特点，设计生命科学课程各年段目标。在此，我们以八年级课程目标为例（见表 6 - 1）。

表6-1 "多彩生命"学科课程目标表

| 学期目标 年级段 | 上学期目标 | 下学期目标 |
|---|---|---|
| 八年级 （基础型 课程） | **第一单元　人体是怎样构成的**<br>共同要求：<br>1. 通过了解人类对人体研究史，感悟只有经历血与火的洗礼，生命才会有永恒的意义，教育学生珍惜生命，懂得生命价值。<br>2. 通过了解人体结构层次及各系统在维持内环境稳定中的作用，理解人体的整体性、协调性和完美性，学会欣赏生命。<br>3. 通过学习人类能够生存的基本环境条件，了解人类生命的脆弱，从而懂得爱护生命和敬畏生命。<br>校本要求：<br>1. 通过探讨"你是怎么来的""二孩政策"等，了解受精卵的融合、母亲十月怀胎到婴儿诞生的过程，学生意识到生命来之不易，既认识了人体结构层次，又体恤父母的养育之恩。<br>2. 通过热点播报或是自制小报、剪报等形式，关注祖国航天事业、深潜勘探、南极考察等科学前沿大事件，认识到人类能上天入地，都需要具备一定的外部环境条件和内部生理条件。<br>**第二单元　人体生命活动的调节**<br>共同要求：<br>1. 通过神经系统结构与功能的了解，懂得神经调节的严密性，从而合理用脑和科学用脑。<br>2. 通过了解人体性状的遗传和变异，懂得尊重他人的遗传缺陷，关心弱势群体，学会尊重他人。<br>3. 懂得人体的每一项生理活动都是在神经、内分泌系统的协调下完成的。<br>校本要求：<br>1. 通过糖尿病、甲状腺结节等年轻化趋势的讨论与分析，认识这些疾病产生的原因，了解激素的作用及其特点，并 | **第四单元　生物的主要类群**<br>共同要求：<br>1. 通过学习植物、动物的形态结构及微生物的类群等，了解多种多样的生物与人类的关系，让学生体会到物种的多样性是生物生存和繁殖的基础，懂得欣赏生命的丰富与可贵，热爱生命，亲近自然，认识人与自然和谐相处的意义。<br>2. 理解生物的结构功能与生活环境的统一性。初步学会生物分类、比较的方法，初步学会制作徒手切片及显微镜观察的技能。<br>3. 通过认识生物的类群，培养学生热爱生命，亲近自然。在了解生物与人类的关系中，认识人与自然和谐发展的意义。通过实验初步培养求真务实的科学态度和勤于实践、乐于探究的科学精神。<br>校本要求：<br>1. 通过认识生物类群，让学生到校园、社区、公园、植物园、动物园等，实地考察植物、动物的生活习性，并完成自然笔记，培养学生热爱生命，亲近自然的学习习惯，不仅可以增强学生语言文字描述、表达与概括的能力，还可以通过绘画、色彩等艺术展现，提升学生审美能力。<br>2. 以新冠肺炎为抓手，认识新冠病毒的形态结构及营养方式，在了解生物与人类的关系中，认识人与自然和谐相处之道，杜绝食用野生动物，不破坏自然生态与野生生物栖息地，不做违反自然规律的事情。一旦发现他人的不良行为，及时向相关部门举报。<br>**第五单元　生态系统**<br>共同要求：<br>1. 了解生物与非生物、生物与生物的密切关系，懂得人类要生存并得到发展，必须爱护地球，关爱其他生物。 |

92

| 学期目标<br>年级段 | 上学期目标 | 下学期目标 |
|---|---|---|
| | 注意日常饮食习惯的改善。<br>2. 通过大科学家达尔文、摩尔根等近亲婚配导致的子女不婚不育甚至早年夭折、欧洲贵州曾经出现家族病等事例，让学生认识到近亲婚配、环境因素、基因突变都会引起生命异常及遗传疾病。<br><br>**第三单元 健康与疾病**<br>共同要求：<br>1. 认识健康新概念，学会制定合理的健康计划。<br>2. 了解常见病和传染病的危害及预防，了解安全用药常识，初步学会配置家庭药箱，学会对意外伤害进行应急处理的方法。<br>3. 自觉养成健康的生活态度和良好的生活习惯，关注自身健康，关爱自己生命。关注健康有关的社会热点问题，懂得人类科技成果都为提高生存质量而作出贡献。<br>校本要求：<br>1. 通过对含激素类食品、转基因食品、抗生素养殖业、不合格乳制品、简易饮料加工、工业色素的食品添加等热点问题的提出与讨论，让学生主动关注与健康有关的社会热点问题，培养学生养成健康的生活态度与良好的行为习惯。<br>2. 热议话题：生活条件日益改善，暴饮暴食、营养过剩、不注意锻炼等导致的肥胖症、富贵病等，让学生明白现代社会常见病与不良饮食、生活习惯有着密切关系，使学生意识到养成健康生活习惯的重要性。<br>3. 通过分析讨论，新冠肺炎、甲流、乙流等新型传染病，了解人的行为习惯与传染病的关系，知道传染病的传播特 | 2. 理解人类活动对生态系统稳定性的影响，树立人与自然协调发展的观念，具有环保意识，使学生明白保护生存环境、保护地球是事关全人类的大事。<br>3. 通过了解我国的濒危动物和濒危植物，使学生明白应该像敬畏人类生命一样敬畏其他生命、关爱生灵。<br>4. 通过实验与讨论，观察与比较生物和环境的适应性，利用信息技术了解生态系统的类型，设计实验因子，探究影响生态系统稳定性的成因。<br>校本要求：<br>1. 学会运用科学方法调查身边的小型生态系统，用问卷法、实验法、比较法、分析法完成调查报告。通过小组合作，提升学生完成问卷调查、分析归纳、撰写报告的能力，树立生态保护的意识。<br>2. 研讨从河长制严管河道、疏浚河道、防治水污染，从雾霾天气到空气质量的逐渐改善等现实环境治理问题，认识到在推动经济高速发展的同时，一定要处理好发展与生态之间的平衡关系，树立人与自然协调发展的唯物主义世界观，关注并自觉参与身边的生态环境保护。<br><br>**第六单元 城市生态**<br>共同要求：<br>1. 通过学习与讨论，了解城市生态系统的特征及基本功能，树立环境保护意识，热爱家乡、热爱祖国，增强社会责任感。<br>2. 了解人类活动对城市生态系统的负面影响，树立环境保护意识，更自觉地关注并参与到对身边环境的保护。<br>3. 关注居室环境污染对人体健康的影响，懂得只有保持城市生态的稳定性，才能保持城市的可持续发展。<br>校本要求：<br>1. 从垃圾分类这一当前热点话题入手，通 |

| 学期目标 年级段 | 上学期目标 | 下学期目标 |
|---|---|---|
| | 点、病因、传播途径和预防措施。并科学运用已学知识，保护好自己与家人的健康，免受病原生物侵害。<br>4. 通过播报新闻：灰苗鼻祖顾方舟、疟疾与青蒿素、新冠与钟南山等，认识诺奖获得者及科研人员的丰功伟绩，知道祖国医学发展对人类健康所作出的贡献。为今后致力于医学事业发展树立远大理想与奋斗目标。<br>5. 通过青春期等专题讲座，了解青春期变化的生物学基础，学会欣赏并悦纳自己，通过恰当途径宣泄不良情绪，学会平稳度过青春期。 | 过了解城市生活垃圾的处理方式和微生物在生态系统中的功能，全面认识垃圾从源头分类的重要性与必要性。将垃圾变废为宝，循环利用，减少垃圾的二次污染。时刻提醒学生加强环境保护已刻不容缓。<br>2. 通过讨论"在城市黄金地段不盖高楼大厦，而是改建成大型绿地"这一耳熟能详的话题，让学生知道城市生态是一个不稳定的生态系统，人类居住在钢筋水泥的环境中，只有大量植树造林，爱绿护绿，才能缓解"热岛效应"，从而树立环境保护意识。在研讨的过程中，学生初步获得综合运用知识分析、解决实际问题的体验与能力。 |

## 第三节　体验生命的精彩

"多彩生命"结合《科学》学科，开展科学探究活动。通过不同课程的学习与体验，感受生命的精彩与美妙。

### 一、学科课程结构

依据《义务教育生物学课程标准(2011 年版)》指出："义务教育阶段生物学课程内容包括：1. 科学探究；2. 生物体的结构层次；3. 生物与环境；4. 生物圈中的绿色植物；5. 生物圈中的人；6. 动物的运动和行为；7. 生物的生殖、发育与遗传；8. 生物的多样性；

9.生物技术；10.健康地生活。"①我校的"多彩生命"课程设置为"多彩生物""多彩技术""多彩探究"三大类(见图6-1)。

图6-1　"多彩生命"课程结构图

1."多彩生物"：通过八年级基础课程的学习,学生初步获得生命科学的一些基本事实、概念、原理与规律的知识以及科学探究的基本技能。并运用知识分析与解释生活中的实际问题,养成健康的生活态度与良好的行为习惯。

2."多彩技术"：通过八、九年级基础课程的学习,积极关注学科时事热点,对科学技术的发展保持持续的关注与兴趣。帮助学生认识科学、技术与社会发展的紧密联系,具备对社会发展和科学技术问题的决策能力与责任担当。

3."多彩探究"：结合六、七年级《科学》学科的拓展课程学习,让学生有机会亲历

---

① 中华人民共和国教育部.义务教育生物学课程标准(2011年版)[S].北京：北京师范大学出版社,2012：7.

探究过程,学习科学探究方法,开发学生潜能,促进个性发展,提升学生提出、分析及解决问题的能力。

通过"多彩生物""多彩技术""多彩探究"三大类课程,提高学生知识获取与分析运用能力、珍惜生命与自我保护能力、科学探究与问题解决能力以及责任担当与社会决策能力,从而使学生学会珍爱自己及他人的生命,初步形成参与社会决策的意识、解决问题的能力,让生命变得更加绚丽多彩。

## 二、 学科课程设置

对于上海市中考改革跨学科案例分析中的"信息提取与处理、问题分析与质疑、结论阐释与创新"三大能力,达到综合梳理、灵活运用的目的。让八、九年级学生学好并掌握多彩生物的基础知识,适当穿插学科热点议题以及科学技术发展等知识,提升学生融会贯通与综合分析的能力,主要是开设多彩生物、多彩技术类课程。因六、七年级学生学习科目少、压力小、活泼好动、表现欲强等特点,主要是开设多彩探究类课程,为今后高年级学习积累一定的知识基础与科学探究方法。

依据以上观点以及我校课程开设需要,设置以下各年级段课程(见表6-2)。

表6-2 "多彩生命"课程设置表

| 年级 | 课程类别 | 学期 | 课程名称 |
|------|---------|------|---------|
| 八年级<br>（基础型） | 多彩生物 | 上学期 | 人体奥秘 |
| | | | 健康生活 |
| | | 下学期 | 生物世界 |
| | | | 生态保护 |
| 九年级<br>（基础型） | 多彩技术 | 上学期 | 聚焦学科热点 |
| | | 下学期 | 聚焦学科技术 |

续表

| 年级 | 课程类别 | 学期 | 课程名称 |
|---|---|---|---|
| 六年级<br>（拓展型） | 多彩探究 | 上学期 | 科学小实验（一） |
| | | 下学期 | 科学小实验（二） |
| | | 上学期 | 护绿小能手（一） |
| | | 下学期 | 护绿小能手（二） |
| 七年级<br>（拓展型） | 多彩探究 | 上学期 | 识物小达人（一） |
| | | 下学期 | 识物小达人（二） |
| | | 上学期 | 模拟小生态（一） |
| | | 下学期 | 模拟小生态（二） |

## 第四节　探寻生命的真谛

为有效落实"多彩生命"，以"绽放生命异彩"为核心的课程理念，我们通过构建"多彩课堂""多彩实验""多彩拓展""多彩技术""多彩讲座"等多种课程实施路径，引领学生探寻生命世界的神奇与真谛。

### 一、建构"多彩课堂"，感悟学科生命教育价值

作为生命教育的显性课程，"多彩生命"理应担当起生命教育的重任，使学生学会尊重生命、热爱生命、珍惜生命，意识到生命的伟大与崇高。

"多彩课堂"是充满生命气息的课堂。课程中包含着丰富的生命教育因素，如"学习与探究"中的内容，精心设计课堂教学，创设并引入学科热点与科学前沿的情境资料，有效进行生命教育的落实，既传授知识又提高学生积极的情感态度价值观，在引导

学生掌握生命科学知识的同时，为今后逐渐成长为向善向上的人打下坚实基础。

"多彩课堂"是提升生命技能的课堂。课程中，新生命诞生、人体结构层次、新健康观、生命自我管理、常见病及其预防、安全用药、生态系统的稳定、城市生态与城市环境保护等知识，让学生切实感受到学习知识都是为提升生活质量、生活幸福指数而服务的，使学生在积极参与、实践体验的过程中达到知识内化与提炼，提升保护生命的技能，充分发挥生命教育的价值，形成"生命无悔、绽放光芒"的独特生命意识与课程理念。

## 二、 借助"多彩实验"，养成科学实践探究习惯

本课程的重点，侧重于学生的实验与探究，让学生参与实践探究后，提升学生获取知识、解决实际问题的能力。

在"多彩实验"中放飞自我。通过八年级"实验与实践"部分的动手实践以及六、七年级的"多彩探究"拓展课程，放手让学生去准备实验器材、实验设计以及落实实验探究、观察与记录、实验现象分析等，让学生充分体验与感受科学探究的乐趣，从而满足学生实验后的成就感与愉悦感。

在"多彩实验"中发展个性。通过一系列实验设计与实践之后，让学生利用之前所储备的知识，分析与阐释其中的原理。帮助学生探寻实验规律，分析实验成败原因，培养学生科学严谨、实事求是的科学态度，从而形成稳定的学习态度与个性化价值观。

## 三、 结合"多彩拓展"，丰富学生课外学习经历

对于知识背后衍生出的许多问题与困惑，让学生课后自己去探索与发现。除了重视课堂教育，更注重学生的课外实践探索与研究。

自然笔记跨领域。以自然笔记的形式证实自己的实践与努力，丰富学习经历。如观察与记录种子萌发、花卉叶型、植物的生长与开花情况、昆虫觅食及生活习性、饲养

小动物,甚至去野外拍摄视频、录音等,既融入绘画艺术、语言描述、数据分析、多媒体技术等多学科知识,又使教师能全面、综合、科学评价学生的学习成果。

实践考察宽思路。充分利用各种周边资源,让学生参观上海地区或者自己居住地附近的植物园、野生动物园、上海科技馆、郊野公园、上海之鱼等,进行课程学习之后的实践考察与记录,开阔视野,拓宽学习思路与方法。

主动探索求新知。保护好学生的好奇心,挖掘学生的探究欲。如有学生"对校园桂花树结桂子"展开了原因方面的调查,最终从"花的结构与繁殖"中找到了答案,获得了独特的成功体验,表示会继续关注类似问题并作深入探究直至解惑为止。

## 四、 探讨"多彩技术",形成社会责任担当意识

将生命科学知识与生活实际相结合,引导学生用正确的态度去看待学科方面的各种现象、热点以及科学技术的进步与发展,完善并丰富情感态度价值观教育。

"热点播报"我来议。将日常生活中所见所闻引入课堂,进行课前5分钟热点播报与议论,让学生关注并了解与课内相关的时事新闻、热点话题,通过讨论与交流,让学生既巩固了知识,又养成了用客观正确的态度去思考社会现象与社会问题。

"科学小报"我来晒。引导学生借助网络、报纸、杂志、图书等渠道,自制小报、剪报等,并在学校各楼层的橱窗里"晒一晒",让更多的学生前来了解更多的生物科学技术发展的前沿信息与动态,进一步理解生物技术对社会发展带来的促进作用。

"科技明星"我最牛。借助每学年的科技小发明比赛项目,在年级组长的动员下,每班征集优秀设计方案,方案不仅要求图文并茂,还要求有实物设计出台。按照产品设计的科学性、实用性、前瞻性等要求,评出学校十佳"科技小明星"。

## 五、 创设"多彩讲座",引领学生逐渐走向成功

讲座一般采取互动提问的形式,不时向学生抛出一些现实问题,让学生积极参与,

勇敢表达自己的观点与想法，为学生实现与追逐自己的多彩生活、多彩梦想而不懈努力。

"青春期"系列专题讲座。借助学校层面开设的讲座，如青春期、早恋、涉黄、禁毒、学会感恩、心理辅导等，不仅可以对学生起到心理干预作用，还可以有效制止不良事件的发生。对于个别心理受挫的学生，带领他们及时沐浴"阳光小屋"的温暖，与他们交流谈心，帮助他们走出心理上的阴影，让他们学会欣赏与悦纳自己，争做内心坚强、富有梦想的"阳光少年"。

"科学技术与智能化推进"讲座。结合"科技与创新""智能机器人""模拟电梯设计""桐木结构桥梁设计""小小发明家"等学校拓展课程的开发，邀请专项培训教师以及少年宫特色教师同步为学生做"设计思路与头脑风暴"等系列讲座，让学生在感受到学科迅速发展与智能化推进的同时，也学习了信息技术、工程技术等学科知识。

总之，我们正在朝着构建以自主开放、适应时代需求、丰富学生经历、提升学生能力、促进学生发展的课程休系而不懈努力，为阳光学子步入更加优化的"多彩课堂活出精彩"的生命科学学科殿堂，燃起师生的干劲与热力，让一个个鲜活涌动的生命，在这里开启人生之旅的美好与灵动。

（撰稿者：谢华芳）

**第七章**

---

## 璀璨艺术： 让艺术照亮孩子们的心灵

艺术教育应陶冶学生的情操，明亮儿童的心灵，这便是"璀璨艺术"的追求。"璀璨艺术"带给学生美的感悟，让学生发现美无处不在；"璀璨艺术"帮助学生建立起健康的审美观，进而具有更高的审美品质；"璀璨艺术"使艺术融入学生的生活，让艺术成为重要的情感交流媒介。"璀璨艺术"以精彩的课堂、绚丽的舞台、爱的团队……带领孩子们探索，让艺术的光芒照亮心灵。

　　上海市奉贤区阳光外国语学校"璀璨艺术"课程组由 4 名音乐老师和 4 名美术老师组成,小学音乐和美术各 2 名,中学音乐和美术也各 2 名,其中高级教师 2 名,中级教师 6 名。各位老师在艺术专业方面各有专攻,工作中发挥各自的优势,有善于教学等实践工作的,也有善于教学研究的,是一个团结协作的整体。我校在《义务教育艺术课程标准(2011 年版)》的引领下,推进"璀璨艺术"课程,取得了显著成效。

## 第一节　让艺术明亮儿童的精神世界

　　艺术是文明社会中不可或缺的组成部分,它的存在与发展是社会的需求,是人类精神的体现。艺术课程在中小学的教育教学中也同样不可或缺,它们明亮着儿童的精神世界。

### 一、学科性质观与价值观

　　"艺术课程是一门综合音乐、美术、戏剧、舞蹈、影视等艺术门类为一体的课程。"[①]在我们初中年段以音乐和美术两种艺术的学习为主,适当地融合其他艺术门类,探索艺术审美的共性与不同的表现形式。总的来说,艺术课程具有以下性质:

　　1. 人文性。各种艺术的发展一直伴随着人类社会的发展,呈现着各个民族、各个时代的文明形态,体现了不同的人文精神,学生在这些丰富的内容和深刻的内涵中可以获得启迪与文化认同。

　　2. 创造性。无论是音乐还是美术,亦或是其他艺术,每个作品的诞生都充满着创造的魅力,即便是演唱与演奏等艺术表现也是二度创作的过程,艺术欣赏也需要学生调动

---

① 中华人民共和国教育部. 义务教育艺术课程标准(2011 年版)[S]. 北京：北京师范大学出版社,2011：1.

创造性的思维。艺术学习中给予了学生充分的自我表达空间，开发着学生的创作能力。

3. 经典性。艺术类课程中的作品都是古今中外流传下来的宝贵精神遗产，还有当代的艺术精品，能带给学生美好的艺术享受，培养学生健康的审美观，提升学生的艺术品味。

4. 愉悦性。学习艺术的过程中充满了对艺术美的体验，美会使人产生愉悦感；学习过程中学生要感知、表现和创造，有交流，有合作，这些艺术活动给予学生更丰富的情感体验，带给学生特有的愉悦感，促进学生身心健康发展。

由此不难发现，教学中的艺术形式具有多样性，艺术作品具有多元性，艺术活动具有多维性，艺术情感具有多面性，这个"多"字让我们的艺术类课程如浩瀚的星空一般璀璨，所以我们将课程命名为"璀璨艺术"。

《义务教育艺术课程标准》有这样的表述："艺术是人类文明的重要组成部分，也是人类重要的精神活动之一。随着我国国民物质生活水平的日益提高，艺术已成为人们精神生活必不可少的组成部分，艺术教育的重要性日益凸显。艺术教育对青少年美感的形成、人格的陶冶、情感的丰富、创造力的开发具有重要意义和价值。"[①]可见，艺术教育对孩子一生的生活、学习都会产生深远的影响，良好的艺术教育对孩子的未来发展具有积极意义。我们将艺术课程的性质概括为以下几点：

1. 创造美、鉴赏美的价值。在艺术课程的学习中，学生懂得如何去发现和理解艺术作品中的美，进而懂得如何运用艺术表现的手法去创造自己心中对美的理解，培养学生良好的、健康的审美情趣，提升学生的审美品味。

2. 情感价值。艺术作品中饱含着人类丰富的情感，是艺术家与欣赏者之间情感交流的桥梁，学生也通过各种艺术活动表达出自己的情感体验，多样的艺术活动使学生的美好情感得到升华，陶冶情操。

3. 文化价值。艺术作品背后的文化语境丰富了学生的人文知识，使其认识到艺术的多元性。通过对艺术作品的审美与理解增强学生的民族情感、文化认同，以及对

---

① 中华人民共和国教育部. 义务教育艺术课程标准（2011 年版）[S]. 北京：北京师范大学出版社，2011：1.

多元文化的尊重,进而参与到艺术文化的传承与传播中。

4. 智能价值。各类艺术活动会调动各种感官功能,使感知力不断得到锻炼与提高,而在综合的艺术活动中更是各种感官产生通感与协作的过程,又以艺术活动中常用的联想、推理、分析、综合等思维方式,使学生的形象思维、逻辑思维、创造思维等能力得到提高,有益于学生智力的提升。

5. 应用价值。学生在艺术类课程中获得的经验与能力可以使他们未来的生活更加丰富多彩,充满乐趣;可以使他们未来的工作更富有创造性;可以使他们更懂得如何面对问题与挫折。

根据艺术类学科的价值,我们的课程更多地着眼于对学生内心产生深远的影响,让学生以更博大的胸怀,接纳广博的艺术文化世界,对他们的人生观、世界观产生积极的、正面的作用。艺术带给他们善于发现美、感知美和创造美的心灵,使他们成为拥有美好情怀的未来公民。

## 二、 学科课程理念

《义务教育艺术课程标准(2011 年版)》中明确课程的基本理念是:"引导学生在各门类艺术的联系中形成综合素质;培养学生适应当今社会和终身发展所需要的艺术能力;促进学生艺术能力和人文素养的综合发展。"[1]这里强调的是艺术对学生内在素养的提升,艺术教育是陶冶情操的过程,所以我们"璀璨艺术"课程的理念就是:让艺术照亮孩子们的心灵,可从以下几个方面进行阐述:

1. "璀璨艺术"是多彩的艺术。艺术是精彩纷呈的,让孩子们在艺术的学习中感受多样的艺术形式、艺术风格,欣赏到众多的艺术精品;在丰富多彩的艺术活动中得到美好、愉悦的体验。

2. "璀璨艺术"是博雅的艺术。跨越时间和空间,开拓孩子们的艺术视野,接受多

---

① 中华人民共和国教育部. 义务教育艺术课程标准(2011年版)[S]. 北京: 北京师范大学出版社,2011: 3—5.

元的艺术文化,增强文化认同和尊重;为孩子们创造更多艺术活动的机会和舞台,尽展孩子们的艺术才能。

3. "璀璨艺术"是闪亮的艺术。艺术作品蕴含着丰富的情感,还有许多做人的道理,在孩子们的心中点亮前行的路径;孩子们也可以拿起手中的画笔,拨动心中的琴弦……让孩子们的艺术才华放射光芒。

4. "璀璨艺术"是神奇的艺术。艺术世界多奇妙,课堂的时间有限,给孩子们铺一条探索的道路,引领他们走进更深远的艺术星空,探索更多未知。

总之,在"璀璨艺术"课程的学习中,孩子们获得了美的启迪。

## 第二节　成为一颗闪亮的艺术之星

小学和初中阶段艺术学习从单一的艺术学科逐渐走向综合的艺术学科,在循序渐进的过程中使孩子们不断丰富艺术经历,提高艺术审美能力,在艺术的熏陶下逐渐净化心灵,让儿童成为那一颗闪亮的艺术之星。"在与生活、情感、文化、科技的联系中,逐步发展感知与体验、创造与表现、反思与评价等方面的艺术能力,提高生活情趣,形成关怀、友善、合作、分享、爱国等品质,为塑造健全人格,实现艺术能力和人文素养的综合发展奠定基础。"[①]

### 一、学科课程总体目标

依据《义务教育艺术课程标(2011 年版)》中的目标要求,结合本课程的理念,对本课程的目标从四个方面分别阐述。

―――――――――

[①] 中华人民共和国教育部. 义务教育艺术课程标准(2011 年版)[S]. 北京：北京师范大学出版社,2011：8.

## （一）艺术与生活

学习和运用艺术欣赏与艺术创作方法，了解艺术创作过程的基本要领，掌握一定的艺术思维的逻辑，并善于表达，多与同学交流。具有基本的艺术表现、艺术鉴赏和艺术创作能力。在学校生活和社会实践中运用自己习得的艺术才能，丰富艺术生活，积极参加艺术活动，主动展露自己的艺术才华，初步获得使用艺术方式表现和美化生活的能力。

## （二）艺术与情感

能将日常情感与艺术情感联系体验，初步具备用艺术方式表达和交流情感与思想的能力。关爱艺术、关爱自然、关爱生命，具有丰富的审美情感和健康的审美理念。提高意志品质，促进健全人格的发展。

## （三）艺术与文化

融合人文知识，初步掌握表演艺术和造型艺术的审美基础知识，了解一定数量的中华民族和世界各地有代表性的艺术作品、艺术家和艺术文化现象，产生了解不同文化中不同艺术符号含义和文化背景的兴趣，在此基础上发展自己的艺术表现和艺术创造能力。珍视和尊重不同地区、不同民族艺术的价值，形成关注多元文化的意识。

## （四）艺术与探索

主动参与多种艺术体验和实践活动，初步学会听、看、唱、奏、演、画、设计等艺术学习的一般方法，具有较敏锐的艺术感觉力和主动的探究精神，增强与人合作、与人和睦相处的意识。感受艺术与科技世界的联系，乐于融合科学技术，开展不同于传统的艺术学习，并掌握一定的艺术制作与创作的科技手段，为未来的艺术生活奠定技术基础，创造更多的可能。

## 二、 学科课程年段目标

根据上海艺术学科教材，分为小学阶段（一至五年级）、初中低年级（六至七年级）

阶段、初中高年级(八至九年级)阶段和高中阶段(十至十二年级),本课程包含的是小学和初中年段,其中一至七年级分音乐和美术两个单学科,八、九年级则分别是艺术(音乐)和艺术(美术)学科。我们依据学生的学习能力和学习心理的变化以及本课程的基本理念设定各年段目标(以七年级为例)(见表7-1、表7-2)。

表7-1　音乐学科课程目标表

| 学期<br>目标<br>年级段 | 上学期目标 | 下学期目标 |
|---|---|---|
| 七年级 | **第一单元**<br>共同要求:<br>1. 增强了解我国戏曲艺术的意愿,初步培养兴趣,提高对我国传统文化的认同感。<br>2. 尝试唱唱段、念韵白、走圆场、做身段、画脸谱等。<br>3. 了解戏曲行当,认知文场、武场。<br>校本要求:<br>更多了解江南一带地方戏曲文化,思考对本土戏曲的传承与传扬。<br>**第二单元**<br>共同要求:<br>1. 愿意了解、欣赏西方经典音乐;初步培养聆听西方经典音乐的兴趣与习惯。<br>2. 聆听民族乐派代表音乐家的作品,感受音乐的民族色彩和其所刻画的故事。<br>3. 认知大调式,了解肖邦、里姆斯基·科萨科夫、格里格生平。<br>校本要求:<br>主动探寻音乐家塑造音乐形象、描绘故事的方式。<br>**第三单元**<br>共同要求:<br>1. 形成有选择地学唱、聆听通俗歌曲的观念,从中获得精神陶冶。<br>2. 学会分析歌曲主题,表现歌曲的情感,懂得分享。 | **第一单元**<br>共同要求:<br>1. 提高热爱民族音乐文化的意识。<br>2. 了解江南丝竹、广东音乐和吹打音乐三种常见的民乐合奏形式。<br>3. 认知常用表情术语。<br>校本要求:<br>结合校民族打击队的表演,更深入地了解民族打击乐的表现力。<br>**第二单元**<br>共同要求:<br>1. 愿意了解、欣赏西方经典音乐;初步培养聆听西方经典音乐的兴趣与习惯。<br>2. 聆听印象派代表音乐家的作品,探索其表现特征与手法。<br>3. 认知西洋管弦乐队及其乐器组,了解德彪西、拉威尔生平。<br>校本要求:<br>1. 发挥艺术的通感作用,使音乐与绘画的创作得到最佳结合。<br>2. 通过《青少年管弦乐队指南》,从听觉上真正认识西洋乐器组与各件乐器的音色。<br>**第三单元**<br>共同要求:<br>1. 通过理想主题的通俗歌曲,树立正确人生观、价值观与审美观。<br>2. 初步学习鉴赏通俗歌曲的方法。<br>3. 认知常见的歌曲演唱形式。 |

| 学期目标<br>年级段 | 上学期目标 | 下学期目标 |
|---|---|---|
| | 3. 能进行简单的歌曲创作。<br>4. 认知小调式、通俗歌曲。<br>**校本要求：**<br>能用所学的调式知识解释本课的歌、乐曲。<br>**第四单元**<br>**共同要求：**<br>1. 初步了解拉丁美洲国家音乐文化和民俗风情，培养对多元文化的兴趣。<br>2. 体验拉丁美洲歌舞音乐，尝试通过互联网搜集相关资料。<br>3. 认知乐句、拉丁美洲典型舞曲类型。<br>**校本要求：**<br>了解拉丁美洲音乐共性及形成原因，分别了解各舞曲的音乐特点。<br>**第五单元**<br>**共同要求：**<br>1. 感悟老一辈音乐家在创建中华民族音乐文化事业的过程中体现出的创新精神，树立为建设和发展中华民族努力学习的信心。<br>2. 欣赏、了解和唱奏贺绿汀和丁善德的一些经典音乐作品。<br>3. 认知乐段，了解贺绿汀、丁善德生平。<br>**校本要求：**<br>通过制作音像资料收集卡，引导学生学会并养成收集资料、整理资料的学习习惯。<br>**第六单元**<br>**共同要求：**<br>1. 有兴趣了解信息技术与音乐艺术相结合产生的新的视听效果。<br>2. 聆听数字音乐，感受其独特魅力。<br>3. 尝试用简易的音乐软件进行音乐创作练习。<br>4. 认知二段体、三段体。<br>**校本要求：**<br>发现更多数字音乐与中国传统文化相融的作品，感受其独特魅力。 | **校本要求：**<br>了解歌曲与演唱形式之间的内在联系。<br>**第四单元**<br>**共同要求：**<br>1. 初步了解欧洲国家音乐文化和民俗风情，培养对多元文化的兴趣。<br>2. 体验欧洲民间歌舞音乐，尝试运用互联网搜集相关资料。<br>3. 认知欧洲民间歌舞音乐体裁。<br>**校本要求：**<br>探寻各个欧洲国家民间歌舞音乐的渊源，更深入了解这些音乐的风格特征。<br>**第五单元**<br>**共同要求：**<br>1. 了解新中国成立以来我国音乐家在艺术创作、艺术表演领域中所获得的成就，增强民族自豪感。<br>2. 欣赏、了解和唱奏朱践耳、吴祖强、何占豪、陈钢等音乐家的音乐作品，感受他们风格各异的审美特质，发现他们的创新手法。<br>3. 认知民族管弦乐队及其乐器组。<br>**校本要求：**<br>通过制作音像资料收集卡，引导学生关注中国的当代音乐文化。<br>**第六单元**<br>**共同要求：**<br>1. 具有探索日趋密切的艺术与科技之间关系的愿望。<br>2. 观看文艺晚会、音乐剧等类型的艺术表演，交流现代科学技术与艺术相融合带给大家的感受与体验。<br>3. 认知常用视听术语。<br>**校本要求：**<br>了解先进的声、光、电乃至计算机多媒体技术在音乐表现中的作用。 |

表 7‑2　美术学科课程目标表

| 学期目标<br>年级段 | 上学期目标 | 下学期目标 |
|---|---|---|
| 七年级 | **第一单元**<br>共同要求：<br>1. 区分抽象艺术与具象艺术作品,能联系作者的创作思想和时代背景赏析抽象美术作品,尝试由具象到抽象的变形练习,或尝试根据某一自选的音乐或主题创作一些抽象绘画作品。<br>2. 能接受抽象绘画的形式,并对不同的形式产生相应的审美反应,懂得抽象绘画虽然不表现具体的物象,却也能表达作者的思想和情感,并唤起观者相应的情感和联想,具有独特的审美价值。<br>校本要求：<br>聆听印象派的音乐,绘制感受到的抽象画面。<br>**第二单元**<br>共同要求：<br>1. 了解美术作品中色彩表现的多样性是由于艺术家以不同的角度观察和表现世界的结果。了解不同色彩如何通过面积对比和构成,组合成符合审美心理的动人作品。对"色调"有初步的认识。了解并初步掌握线描淡彩的基本技法,尝试表现感兴趣的主题。<br>2. 了解人们在对美的事物鉴赏活动中,以不同的角度去观察和分析是最重要的实践活动,找到色彩组成的规律。能体会线描淡彩特有的轻松淡雅的艺术魅力及其引发的审美情感。<br>校本要求：<br>探讨色彩与情绪的关系,发现绘画色彩与音乐色彩在表达情感方面的共性。<br>**第三单元**<br>共同要求：<br>1. 通过欣赏不同空间表现形式的名画,了解形体与空间的多样性,学习平面上表现三维形体和空间的基本方法,尝试创作一幅以"动态空间""梦幻空间"或"矛盾空间"为主题的作品。<br>2. 体验不同的形体和空间表现方式所产生的视觉效果和审美心理反应,了解传统中国画空间的文化内涵和表现特点,进一步探究"动态空间"和"梦幻空间"的绘画创作表现特点与审美心理反应,树立新的空间观念。 | **第一单元**<br>共同要求：<br>1. 了解美术家创作时获得灵感、进行构思、选材和选择表现方式等基本过程,理解表现性绘画与再现性绘画是绘画艺术创作的两种基本手法。<br>2. 了解艺术创作与现实生活之间的关系,即艺术创作来源于现实生活,但又不拘泥于现实生活,是美术家个性的创造,理解表现性绘画与再现性绘画的不同审美特征,学会尊重与理解美术家及其作品。<br>校本要求：<br>阐述表现性绘画与再现性绘画各自的审美价值。<br>**第二单元**<br>共同要求：<br>1. 了解物体在光线的照射下产生的明暗变化,了解亮部、明暗交界线、灰面、投影、反光等概念,能用明暗知识分析美术作品中立体造型的原理和方法,能用简洁的技法在作品中表达出自己对明暗和立体的理解。<br>2. 了解艺术家通过运用绘画的手段,在表现事物的光影和体积的同时突显自己的个性与风格,表达自己的情感与思想。<br>校本要求：<br>体会明暗表现的层次感,能够分析作品运用明暗的美学特征。<br>**第三单元**<br>共同要求：<br>1. 知道"诗情画意"是中国画独特的创作手法,认识"三远法"和"散点透视"是中国画独特的空间表达方式,懂得临摹课徒稿是中国画 |

| 学期目标 年级段 | 上学期目标 | 下学期目标 |
|---|---|---|
| | 校本要求：<br>探讨中西方绘画中表现空间结构、层次的不同方法。<br>**第四单元**<br>共同要求：<br>1. 了解书法艺术的历史发展，包括各时代字体书体特点，掌握书法的书写姿势、基本笔画的书写方法，尝试并学习楷书的书写，体会各个书法家的艺术风格和性格特点，通过欣赏感受书法作品中体现的书法家的情感。<br>2. 了解书法的审美价值和体现出的中国传统文化底蕴，与传统中华古老文明的接触和交流的情感，用自己创作的书法作品表现情感和思想。<br>校本要求：<br>感受书法书写的节奏韵律，寻找匹配的中国古典音乐作为书法练习的背景音乐。<br>**第五单元**<br>共同要求：<br>1. 学习视觉传达设计的基本知识、基本技能，掌握视觉传达设计的基本形式、要素和应用，能采用不同的方式、方法有主题、有创意地策划学校文化活动。<br>2. 认真策划校园文化活动，感受、体会设计、制作和展示的全过程，形成以创意为重点的设计意识，在校园文化活动的语境中形成"视觉识读能力"。<br>校本要求：<br>策划学校"艺术星空"艺术单项赛的活动。<br>**第六单元**<br>共同要求：<br>1. 了解包装设计的基本功能和形式要素，学习对商品进行有创意的包装，并用包装设计效果图、模型和包装设计说明等方式表达自己的设计创意与构思，了解礼品包装的基本知识和形式要素，学会礼品包装的基本技能和材料色彩的选择与运用。<br>2. 感受和欣赏不同时代的包装设计的成果，知道包装设计在日常生活中的重要性，理解艺术与商业相结合的艺术魅力。 | 传统的学习方式，了解中国画笔墨程式语言，通过临摹感受程式的趣味和形式。<br>2. 从传统中国画中感受和了解属于我们中国人的空间表达、情境交融和诗情画意，感悟东方文化的特色，加深对传统中国画的了解和尊重。<br>校本要求：<br>围绕"诗情画意"，为你喜爱的中国画配诗或者配乐，形式可以多样。<br>**第四单元**<br>共同要求：<br>1. 了解服装设计的基本知识、设计的思维方式和服装设计步骤，掌握服装设计的基本语言和形式规律，能运用不同的手段有主题、有创意地设计和制作服装设计作业。<br>2. 能感受服装之美，对服装色彩美、款式美、材质美、图案美、工艺美等发表自己的看法，形成初步的现代服装设计意识，了解服装设计在人类文明发展中、在现实生活中的重要意义。<br>校本要求：<br>融汇中国传统服装、民族服装语汇，设计不一样的服装。<br>**第五单元**<br>共同要求：<br>1. 了解我国民间玩具的历史及其不同时代、不同地区的代表作品，了解民间玩具的材料、制作工艺及造型特点，画出设计草图，并寻找生活中的各种材质巧妙地制作民间手工艺品。<br>2. 欣赏民间美术作品，了解我国灿烂的民族文化，感受民间艺人创造的美，制作既有民间意蕴又有时尚气息的手工艺品来美化生活。 |

续表

| 学期目标<br>年级段 | 上学期目标 | 下学期目标 |
| --- | --- | --- |
| | 校本要求：<br>为自己的亲朋好友、师长制作一件礼品包装作品，传达自己的真情厚谊。<br>**第七单元**<br>共同要求：<br>1. 知道扎染是中国传统的民间染印艺术，了解扎染的历史，初步了解扎染自由随意、千变万化的艺术特点，尝试运用各种扎染手法制作扎染作品。<br>2. 增强民族自豪感，制作并体验扎染的艺术魅力，了解扎染在现实生活中的实用价值和审美价值，热爱我国的民间艺术，用自己创作的扎染作品表现情感和思想，装饰和点缀自己的生活。<br>校本要求：<br>做一次实地调查，了解扎染工艺的发展，说说在现代市场中扎染工艺的应用。<br>**第八单元**<br>共同要求：<br>1. 了解浮雕的基本知识和艺术特点，尝试分析、评述浮雕作品，学会用"雕"或"塑"两种基本方法塑造浮凸的形象、结构，形成层次，学会用颜料等手段装饰浮雕，增强观赏性，能寻找并运用各种综合材料创作浮雕作品。<br>2. 能了解并喜爱浮雕艺术，体验浮雕创作的乐趣，用自己创作的浮雕美化自己的生活环境，能发现和关注身边的浮雕艺术及其所表现的不同文化传统与特点，了解到浮雕的纪念意义。<br>校本要求：<br>为自己的班级教室设计并制作一个墙面浮雕装饰。<br>**第九单元**<br>共同要求：<br>1. 知道策划、设计、布置展示活动的工作流程和具体要求，设计并布置一个本班美术作品的展示，知道美术的感知、思维和表达方式在各学科的研究性学习活动中的重要作用，并学会用美术平面与立体的方式表达自己的研究成果。 | 校本要求：<br>以自己擅长的手艺，如编织、刺绣、木工等制作玩具或者工艺品，与同学们交流创作构思。<br>**第六单元**<br>共同要求：<br>1. 了解凹版画的制版方法、印刷原理及其审美特点，懂得材质肌理、操作肌理和印刷肌理对凹版画的效果产生的影响，学会一种凹版画的制版方法，并独立完成一件凹版画，进一步了解套色版画的原理和审美特点，学习并独立完成一件套色版画。<br>2. 初步了解版画艺术和印刷技术对人类文明的发展起到的作用。<br>校本要求：<br>通过观看纪录片，进一步了解我国的版画艺术和印刷技艺。<br>**第七单元**<br>共同要求：<br>1. 学习立体构成的基本知识，能利用多种材料、运用立体构成的构成原理和形式规律，设计和制作线构成、面构成、体构成以及综合构成等立体构成作品。<br>2. 体会立体构成在形式美、秩序美和材质美等方面特有的艺术魅力，了解立体构成的应用价值，进一步研究其中隐含的人文寓意，并尝试为学校或社区公共环境设计立体构成作品。<br>校本要求：<br>以小组为单位，为学校或社区公共环境设计立体构成，并制作模型。 |

| 学期目标 年级段 | 上学期目标 | 下学期目标 |
|---|---|---|
| | 2. 懂得美术语言不仅能够表达个人的情感,也可以形象地表达某种思想和观点。<br>校本要求:<br>组织参观一次展示活动,以真实的体验、认知,启发设计活动思路。 | **第八单元**<br>共同要求:<br>1. 初步了解建筑的不同风格特征和文化历史内涵,学会欣赏建筑艺术,并学习简单的环境艺术设计。<br>2. 形成主动参与环境保护的愿望,尊重与热爱生命的品质,真正理解居住环境与人的精神成长的内在关系。<br>校本要求:<br>观看纪录片,了解各国经典的传统建筑,感受各自不同的风格和文化背景。 |

## 第三节　铺展艺术学习的灿烂道路

我们课程的框架主要是根据《义务教育艺术课程标准(2011 年版)》中的课程目标要求来设定的。结合学校"七维度"核心素养的学生培养目标,本课程框架要体现艺术学习对学生发展影响的不同方面,使学生在多元、多形式的艺术学习中,完善艺术认知,提高艺术审美能力,为未来的艺术学习铺展灿烂的道路,使他们成为具有较高艺术修养的人。

### 一、学科课程结构

《义务教育艺术课程标准(2011 年版)》从四个方面阐述了课程内容与建议,分别是"艺术与生活""艺术与情感""艺术与文化""艺术与科技"。① 通过综合整理,我们将本课程分成四大板块,分别是"我的艺术生活""我的艺术思想""我的艺术视野"和"我的艺术探索",并围绕这四个板块开展具体的活动(见图 7-1)。

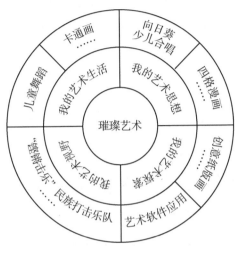

图 7-1　"璀璨艺术"课程结构图

1. "我的艺术生活"。要培养孩子们从小养成观察生活的习惯,从中发现美,进而表现美、热爱美。孩子们可以通过舞蹈和绘画等艺术活动将观察到的美好生活的点点滴滴呈现出来,让孩子们越来越热爱生活。

2. "我的艺术思想"。艺术作品本身含有一定的思想内涵,学生也要学习以艺术的手段表达思想。通过合唱的二度创作表现作品的情感,也融入我们自己的理解,用歌声传情达意;四格漫画的创作过程就是一个把自己的思想转化为有故事情节的美术作品的过程,既形象,又有意义。通过这些艺术活动表达他们对生活的理解,提升他们的思想认识。

3. "我的艺术视野"。未来公民应当具有一定的艺术视野,这对他们认知世界具有积极的意义。我们除了在艺术课堂上为孩子们打开艺术之窗外,也要在课外创设机

_____

① 中华人民共和国教育部. 义务教育艺术课程标准(2011 年版)[S]. 北京:北京师范大学出版社,2011:11—23.

会。"铿锵击乐"民族打击乐队就是艺术视野的一个方向,在作品的演绎中,一方面可以使学生更正确地理解作品、表现作品,另一方面也可以通过艺术特有的内化作用陶冶学生的情操,促进人格塑造。

4. "我的艺术探索"。艺术的无垠告诉我们,更多的艺术道路要靠孩子们自己去探索、去创造。创意纸版画可以发挥学生的想象力,一次次获得创意的乐趣。艺术教学也常与数理、信息技术相关,运用艺术制作软件探索感受可以与艺术融合的魅力,带给学生更多艺术创作的可能,形成探索新艺术的观念,激发学生的探索精神。

## 二、学科课程设置

在"璀璨艺术"课程中,艺术类课程互相融合,使学生在单一艺术类别的学习中融合其他艺术门类,探索艺术美的共性与表现手法的差异,甚至融合其他学科,使学生更了解艺术的来龙去脉,丰富学识,提高自己的艺术修养。因此,"璀璨艺术"课程在"润物细无声"中促成学生素养的提高。除了基础课程之外,我们立足教材,开发了一系列拓展课程(见表7-3)。

表7-3 拓展课程设置表

| 年级 | | 我的艺术生活 | 我的艺术思想 | 我的艺术视野 | 我的艺术探索 |
|---|---|---|---|---|---|
| 一年级 | 上学期 | 儿童舞蹈 | 音乐告诉我 | 色彩世界 | 创意纸版画 |
| | 下学期 | 儿童舞蹈 | 心情的颜色 | 竖起小耳朵 | 创意纸版画 |
| 二年级 | 上学期 | 儿童舞蹈 | 我"形"我"塑" | 形形色色 | 创意纸版画 |
| | 下学期 | 儿童舞蹈 | 歌唱美丽家园 | 自然交响 | 创意纸版画 |
| 三年级 | 上学期 | 卡通画 | "向日葵"少儿合唱 | "铿锵击乐"民族打击乐 | 绘图软件应用 |
| | 下学期 | 卡通画 | "向日葵"少儿合唱 | "铿锵击乐"民族打击乐 | 绘图软件应用 |
| 四年级 | 上学期 | 卡通画 | "向日葵"少儿合唱 | "铿锵击乐"民族打击乐 | 绘图软件应用 |
| | 下学期 | 卡通画 | "向日葵"少儿合唱 | "铿锵击乐"民族打击乐 | 绘图软件应用 |

| 年级 | | 我的艺术生活 | 我的艺术思想 | 我的艺术视野 | 我的艺术探索 |
|---|---|---|---|---|---|
| 五年级 | 上学期 | 美化生活 | 美的力量 | "铿锵击乐"民族打击乐 | 绘图软件应用 |
| | 下学期 | 想唱就唱 | 乐动我心 | "铿锵击乐"民族打击乐 | 绘图软件应用 |
| 六年级 | 上学期 | 民族之窗 | 四格漫画 | "铿锵击乐"民族打击乐 | 我的库乐队 |
| | 下学期 | 世界经典 | 四格漫画 | "铿锵击乐"民族打击乐 | 我的库乐队 |
| 七年级 | 上学期 | 家乡戏韵 | 四格漫画 | "铿锵击乐"民族打击乐 | 艺术软件应用 |
| | 下学期 | 美我家乡 | 四格漫画 | "铿锵击乐"民族打击乐 | 艺术软件应用 |
| 八年级 | 上学期 | 艺术源泉 | 创作灵感 | "铿锵击乐"民族打击乐 | 艺术软件应用 |
| | 下学期 | 艺术与社会 | 艺术纵横 | "铿锵击乐"民族打击乐 | 艺术软件应用 |
| 九年级 | 上学期 | 艺术与文明 | 文化语境 | 艺术时光隧道 | 艺术软件应用 |
| | 下学期 | 城市艺术 | 风格与个性 | 艺术星空 | 艺术软件应用 |

## 第四节 在艺术世界里追寻美的光芒

在《义务教育艺术课程标准（2011年版）》的"实施建议"中明确指出："艺术课程是一门注重体验、综合和创新的课程。在实施过程中，建议教师要紧紧把握课程标准确立的'艺术能力和人文素养的综合发展'的总体目标，注重教学内容的基础性、综合性和趣味性，引导学生通过多种艺术的体验、交叉和融合，多方位、多视点地探索和认识艺术学习领域的基本要素和艺术的形式规律，使学生获得丰富的审美体验和精神愉悦，发展学生感知与体验、创造与表现、反思与评价等多种艺术能力，并促进多种能力之间相互渗透和支持，使学生在愉悦的艺术学习中健康成长。"[1]"璀璨艺术"课程的实

---

[1] 中华人民共和国教育部. 义务教育艺术课程标准（2011年版）[S]. 北京：北京师范大学出版社，2011：24.

施正是为了通过艺术教育促进学生"七维度"核心素养的提高，让孩子们在艺术世界里追寻美的光芒，发挥艺术教育特有的教育价值。

## 一、 建构"璀璨课堂"，提升学科课程品质

艺术像浩渺的星空，为人们打开一个广阔而神奇的世界，我们的"璀璨课堂"能展现的也许只是艺术的一角，却也足以照亮孩子们的心扉。在"璀璨课堂"里，我们不仅要把尽可能多的艺术门类、艺术作品呈现给学生，更要教会学生如何去审美，培养他们发现美、表现美、创造美的能力，以艺术之美打动学生，给学生一对去艺术世界自由飞翔的翅膀。

1. "璀璨课堂"应当充满艺术感染力。最先打动学生的一定是艺术本身的美感，我们要通过教学使学生充分地感受到艺术美，使学生对美产生强烈的向往。每一节艺术课也应当如同一个艺术作品一样进行精心的设计和创作，教学本身也应具有艺术性。

2. "璀璨课堂"应当给予学生感知、探索艺术的途径。每一门艺术有自己的表现手法，但不同艺术门类在审美方面又有着相通的共性。教会学生单一艺术门类的审美方法，并让学生学会思考与探索不同艺术门类之间的关联，养成学生探索艺术文化的习惯，这是为学生打开了艺术世界的大门，使其在未来的艺术之路上有能力自己向前。

3. "璀璨课堂"应当让学生充分参与。欣赏只是艺术学习的一个方面，而参与艺术活动会让学生获得更多的愉悦体验，也能激发出学生更多的艺术能力。首先帮助学生养成发现、关注美的习惯，然后在学习中鼓励学生去表现艺术之美，进而激发创作的灵感，并勇于尝试。

要让"璀璨课堂"点亮学生的艺术之路，我们要进行用心的课堂教学设计。每位老师必须在设计前思考一个问题：这节课要给予学生什么？然后紧紧围绕教参的要求设计教学，每一个环节的设计主题鲜明，脉络清晰，情绪的起落符合审美心理，每一个教学手段的运用有明确的目标。在教学实践过程中对课堂节奏进行很好的把控，调动

起学生的学习热情，注重教学的美感，让学生获得艺术的熏陶。课程组对"璀璨课堂"的实践情况做好监督工作，发现问题，解决问题，及时开展教研工作，不断提升整体的教学成效。

## 二、 建设"璀璨课程"，丰富学科课程内涵

"璀璨课程"是依据《义务教育艺术课程标准（2011 年版）》要求，从教材内容出发，注重学生审美能力发展延伸的，符合不同年段心理特征和学习能力的校本课程。它们可以带给学生更广阔的艺术视野，拓宽学生的艺术思维，使自己的艺术学习与生活、与社会、与未来产生更多的联系。"璀璨课程"的教学是为了让我们的学生更加适应社会发展的要求。那么如何建设我们的"璀璨课程"呢？

1. 充分发挥艺术教师的特长，开发"璀璨课程"。在艺术专业里还有许多分支，我们的老师各有专长，根据各自不同的专长来开发"璀璨课程"是我们的一个思路。他们中有擅长儿童画的、擅长书法的、擅长舞蹈的、擅长声乐的等，还有在跨学科领域有一定研究的，比如信息技术在艺术学科中的运用、历史人文与艺术人文的融汇等。"璀璨课程"充分调动艺术教师的潜能，使课程内容尽可能丰富。

2. 充分利用社区资源，提升"璀璨课程"。随着社会的发展，我们的社区资源越来越丰富。在奉贤本土就有许多新建设的文化场馆，如九棵树未来艺术中心、区博物馆等，还有一些乡土的文化社区，有很多可开发的内容成为我们"璀璨课程"的资源，让我们的课程内容得以充实，不仅可以开阔学生的眼界，还具有更强的社会意义。一些艺术家也受邀成为我们的专家老师，如上海民族乐团的打击乐演奏家王音睿就是"铿锵击乐"民族打击乐队的指导老师。这些专业老师的加入让"璀璨课程"的质量有了质的飞跃，使学生的艺术学习更趋于专业。

3. 充分开发家庭资源，点亮"璀璨课程"。学生家长中有不少擅长艺术的，也有非常热心的，或者是拥有一些艺术活动资源的，他们可以为我们的"璀璨课程"提供帮助，注入新鲜的色彩。如文艺展演等活动家长与孩子同台，能表现出不同的主题

与艺术效果,家长还会带着孩子去寻找生活中的艺术等等。家长资源的开发可以让"璀璨课程"与学生的生活产生更紧密的关系,让"璀璨课程"更灵动,拥有更广阔的天地。

4. 充分使用网络资源,激活"璀璨课程"。通过网络搜集相关的资料,进行学习的交流,学习艺术软件的使用等,让我们的"璀璨课程"在网络上流传开来,让学生更广泛地学习与交流。

### 三、 创设"璀璨社团",发展学科课程兴趣

艺术社团的活动对学生能力的提高、核心素养的提高也是非常重要的,它的优势不同于基础课程的教学,相对来说更为开放,使学生面向更开阔的艺术环境,有着更强的社会意义和自我价值的实现。

少儿舞蹈团:适应学生的年龄特征,进行柔韧度等基本功的训练,并为孩子们量身打造适合他们的、能反映他们生活的成品舞,给予展示的机会。发挥老师的舞蹈专长,运用积累的丰富经验编写校本教材。

卡通画社:注重卡通画的专业技能训练,创作作品富有童趣,贴近孩子们的生活,体现生活的快乐,培养积极进取的精神。

创意纸版画社:让学生在了解纸版画的基本制作方法的同时,更重要的是从中感受到创意的快乐,认识到生活中的美无处不在,要用热爱生活的眼睛去发现。

"向日葵"少儿合唱团:合唱团第一课让学生懂得我们是一个团队,然后才开始合唱基础的训练。在合唱过程中让学生慢慢体会和声的美好、协作的欢乐。在具体的曲目中让孩子们体验与表达丰富的情感,美好他们的心灵。

四格漫画社:以孩子们喜爱的绘图形式激发他们的创意,观察生活,构思有主题、有创意、有意义的四格漫画,提高绘制能力,提升对绘本的赏析能力。

"铿锵击乐"民族打击乐队:领略民族打击乐的精彩,在各种活动和训练中提升对民族音乐的热爱。进行严谨、专业的训练,学会通过演奏与表演增强作品的艺术感染

力,成为民族打击乐的传承者与传播者,培养和输送专业的人才。

## 四、 搭建"璀璨舞台",展现学科课程魅力

展示与比赛是给学生搭建的舞台,让学生有机会展现自己的艺术才华,并将自己的艺术才能与社会活动结合起来,带给学生正面的引导,使其在感受艺术表现的快乐的同时,更认识到艺术表现的价值,留给学生一份独特的历练和成长。

1. 艺术节:主要以艺术单项赛的形式开展。充分发挥艺术教育的育人功能,提高学生艺术素养和整体素质,为具有艺术特长的学生创设一个展示、交流、学习、提高的平台,展现学生积极向上的精神风貌和良好的艺术风采,为学校营造浓郁的艺术氛围,让更多的孩子受到艺术的熏陶。单项比赛各项目评选校级金、银、铜奖,并从中选拔优秀节目(作品)参加区学生艺术单项赛。

2. 展演、展示活动:优秀的节目在各种节日活动中进行展演,优秀的美术作品也在各种活动中以展板的形式进行展示。特别优秀的有机会参加区际活动的各种展演与展示,给学生展示艺术才华、走向大舞台的机会。

3. 社会公益活动:组织一些公益性活动,走进社区、走进敬老院……甚至运用网络组织更多样化的公益活动,特别有意义,让学生感受到自己被认可,也认识到自己的艺术才能可以发挥更大的作用,同时认识到艺术源自生活,最终也必将融于生活。

## 五、 评选"璀璨之星",发展学科课程个性

在艺术课堂上,在艺术社团的活动中,在各种展演、比赛中,每位学生的表现都值得关注,同时,一些亮眼的"璀璨之星"会崭露头角,老师要做识马的伯乐,让他们更加闪耀光彩。而"璀璨之星"的脱颖而出,也能照亮更多的孩子,激发他们投入到更多的艺术学习和活动中去。

1. "艺术达人"的评选:每年评选一次。根据学生日常艺术课上的学习状况及在

学校艺术活动中的表现，综合个人获得的艺术成绩，对表现突出的学生我们评出 10 位"校园艺术达人"。每 2 年一次选送特别优秀的学生参选区"校园艺术达人"。

2. 区艺术团队优秀人才推荐：对于一些艺术方面的才能有突出优势的学生，我们会向区的艺术团队进行推荐。区青少年宫的合唱队、民乐队、民族打击乐队等艺术团队中都有我们推荐的优秀学生。

总之，艺术教育不是单纯的技术训练，更是审美观的形成，在综合的艺术教育中我们要引导学生建立起健康的审美观，使之成为他们内在精神的养料，让艺术的光芒照亮孩子们的心灵，照亮他们的未来。

（撰稿者：夏庆华）

# 第八章

---

## 灿烂课堂：引导孩子们做精神灿烂的人

　　道德与法律犹如车之两轮、鸟之两翼般不可分离。让道德点亮人生之路，指明孩子们前进的方向，让法律成为孩子们前进道路上的守护者，是"灿烂课堂"的不懈追求。"灿烂课堂"帮助学生筑牢道德底线，追求崇高美好的道德境界，提高学生的法治思维，弘扬社会主义法治精神。"灿烂课堂"关注学生成长中的体验与困惑，引领学生在思想上与精神上获得成长，做精神灿烂的人。

上海市奉贤区阳光外国语学校初中道德与法治学科教研组共有 4 位教师，均为 40 岁以上的一级教师。多年来，我们组认真钻研教材、深化课堂改革，同时开展教研活动，为了更好地把握教材，提高教学实效，我们将道德与法治学科的基础教学结合其他学科，拓展教学结合学校德育工作，实现多方面跨学科有机整合，以培育学生三大学科核心素养作为重点进行了研究。我校依据 2014 年《教育部关于全面深化课程改革落实立德树人根本任务的意见》和《义务教育思想品德课程标准（2011 年版）》，在推进"灿烂课堂"的课程建设中，取得了一些成效。

## 第一节　让成长之路充满阳光

### 一、 学科性质观和价值观

《义务教育思想品德课程标准（2011 年版）》中明确指出："本课程是以初中生生活为基础、以促进初中生思想品德健康发展为目的的一门综合性的必修课程。"①因此，道德与法治学科是学校德育课程，是落实立德树人的重要载体，它具有四大特征，即思想性、人文性、实践性和综合性。

新教材以培养有理想、有道德、有文化、有纪律的社会主义合格公民为中心，遵循生活逻辑与知识逻辑相结合的原则，围绕初中学生在不断扩展的生活中需要处理的我与自我、我与他人和集体、我与国家和社会的关系，有机地整合了道德、心理健康、法律、国情等方面的内容，提炼生活主题并始终贯穿社会主义核心价值观的教育。《义务教育思想品德课程标准（2011 年版）》同时指出："初中生正处于身心发展的重要时期，

---

① 中华人民共和国教育部. 义务教育思想品德课程标准（2011 年版）[S]. 北京：北京师范大学出版社，2011：2.

自我意识和独立性逐步增强。在初中阶段帮助学生形成良好品德，树立责任意识和积极的生活态度，对学生的成长具有基础性的作用。"①

基于以上认识，我们认为道德与法治课程的核心价值是让学生过积极健康的生活，做合格的公民。为了让道德点亮每一个孩子的人生，让法律守护每一个孩子的成长，引导孩子们做精神灿烂的人，我们创设了"灿烂课堂"，帮助学生关注成长中的体验与困惑，引领学生在思想性与精神上获得成长，并引导学生从思想认识到生活实践。

## 二、 学科课程理念

我校的初中道德与法治课程以《义务教育思想品德课程标准（2011 年版）》为依据，充分吸收国家层面对社会主义核心价值观的新认识，注重中华优秀传统文化的渗透与体现，并结合《青少年法治教育大纲》，无论是基础教学还是拓展教学，我们都将法治教育与道德教育相结合，使学生筑牢道德底线，提高法治思维。道德如同一盏灯，点亮人生之路，指明孩子们前进的方向，而法律则是孩子们前进道路上的守护者，通过学习道德与法治课程，孩子们的成长之路充满阳光，成为精神灿烂的人。

基于上述观点，我们提出"灿烂课堂"的学科课程理念，我们期望每一个孩子通过道德与法治课程的学习，人生的成长之路充满阳光。

"灿烂课堂"是生活的课堂。道德与法治课程是以初中学生逐渐扩展的生活为基础。通过各种校内外的实践活动，帮助学生认识生活、热爱生活，提高学生分辨是非和实践的能力，提高学生的综合素质。

"灿烂课堂"是人文的课堂。道德与法治课程具有浓厚人文色彩和深厚人文关怀

---

① 中华人民共和国教育部. 义务教育思想品德课程标准（2011 年版）[S]. 北京：北京师范大学出版社，2011：3.

内涵。通过中华优秀传统文化的渗透，促进学生的品德发展，彰显人文性，筑牢道德底线，追求崇高美好的道德境界。

"灿烂课堂"是实践的课堂。道德与法治课程注重实践性，体现综合性。通过道德与法治课程的实施，帮助学生学会学习、主动参与、积极实践，提高学生学以致用的能力，促进学生核心能力的发展。

"灿烂课堂"是价值引领的课堂。道德与法治课程结合学校各项德育工作，以社会主义核心价值观为统领，贯穿价值观教育，让社会主义核心价值观的思想之光照亮生命、进入青少年的精神世界。

总之，我们的"灿烂课堂"是充满生活性和人文性的课堂，是学生掌握知识、培养能力和提高觉悟三者有机结合的课堂。我们的"灿烂课堂"将努力培育具有家国情怀、国际视野、阳光成长的青少年。

## 第二节　让孩子成为精神灿烂的人

初中教育阶段的道德与法治课程，依据学生的生活经验，以青春生命在与他人、与集体、与社会、与国家以及全球关系中的发展为线索，以培养社会主义合格公民为中心，遵循生活逻辑与知识逻辑相结合的原则，对初中学生进行公民意识教育以及新兴的生态教育、可持续发展教育、生命教育等。为了实现这一目标要求，着力培养初中道德与法治学科"社会观察与分析的能力、价值判断和选择的能力、参与社会生活的实践能力"三大学科核心能力，我们提出如下道德与法治学科课程目标。

### 一、学科课程总体目标

依据《义务教育思想品德课程标准(2011 年版)》，道德与法治课程的总目标是：

"以社会主义核心价值体系为指导,旨在促进初中生正确思想观念和良好道德品质的形成与发展,为使学生成为有理想、有道德、有文化、有纪律的合格公民奠定基础。"①根据初中道德与法治学科的课程总目标以及我校"七维度"核心素养培育的要求,我们制定了以下具体目标:

1. 法治教育目标:学习法律基础知识,关注法治生活体验;渗透法治思想和法治精神,帮助青少年树立法律信仰,成为法治中国建设的参与者和推动者。

2. 公民意识教育目标:加强公民道德教育和公民身份教育,将"做负责人的公民"作为道德与法治课程的核心,培养学生作为公民的责任担当意识与能力。

3. 生命教育目标:"认识自我"是初中学生独特的生命和成长需要,所以我们将逐步引导学生学会怎样认识和定位自我,并逐渐向健全、丰满的"自我"成长,同时逐步增强学生的自尊心、是非判断能力、责任感等。

4. 中华优秀传统文化渗透的目标:关注人类各种优秀的传统文化,教学活动中引入中华传统文化经典,拓展优秀传统文化的内容,积极思考和探索中华优秀传统文化的融入方式,展现中华优秀传统文化的精髓。

总之,我们秉持道德与法治课程的理念,围绕以上四大课程目标,发展学生的学科核心素养,培养具有是非判断能力、辨别分析能力和社会参与能力的学生,引导学生过健康的生活,做精神灿烂的人。

## 二、 学科课程年段目标

基于以上学科课程总目标,我们结合部编新教材和教学用书,制定了学科课程年段目标。下面我们以六年级为例,具体如下表(见表8-1)。

---

① 中华人民共和国教育部. 义务教育思想品德课程标准(2011年版)[S]. 北京:北京师范大学出版社,2011:6.

表8-1　初中道德与法治学科课程目标表

| 学期目标年级段 | 上学期目标 | 下学期目标 |
|---|---|---|
| 六年级 | **第一单元　成长的节拍**<br>共同要求：<br>1. 了解中学时代对人生的意义和价值,确立生活新目标。<br>2. 走进学习新天地,建立学习新概念,激发生命成长的动力。<br>3. 学会评价自己、接纳自己,发展自己,逐步形成健康的自我概念。<br>校本要求：<br>1. 引导学生发现并发展自己的优点,用发展的眼光看待自己,建立努力就能改变的生活信念。<br>2. 树立终身学习意识,体验学习带来的成就感,热爱学习,学会学习。<br>**第二单元　友谊的天空**<br>共同要求：<br>1. 了解中学生积极交往的意义,树立主动交往意识,积极树立以同情、关爱、道义为基础的友谊。<br>2. 积极践行"友善"这一社会主义核心价值观的要求,提高交往能力,营造良好和谐的人际关系。<br>3. 关注学生成长的困惑,直面学生成长中遇到的问题。<br>校本要求：<br>1. 培养正确的友谊观,能慎重对待虚拟世界的交往。<br>2. 掌握一定的交往技能,能面对和处理人际冲突。 | **第三单元　师长情谊**<br>共同要求：<br>1. 学会理解、尊重和接纳不同风格的教师。学会恰当处理师生之间的矛盾和冲突,学会主动关心、帮助老师。<br>2. 认识中国人的"家"是怎样的,深入探讨"爱在家人间"。认识现代家庭的特点,培养学生在亲子之间积极沟通的意识和能力。<br>校本要求：<br>1. 践行孝亲敬长的社会道德规范。<br>2. 引导学生内在地生长出道德的力量,主动参与创造道德的生活。<br>**第四单元　生命的思考**<br>共同要求：<br>1. 感悟生命来之不易,理解生命的特点和生命有时尽的自然规律。<br>2. 引导学生审视个人生命与人类生命的关系,理解生命有接续、生命至上的内涵。<br>3. 理解并践行对生命的敬畏,学会从爱护身体和养护精神两方面来守护生命。<br>校本要求：<br>1. 引导学生寻找、思考生命的价值和意义,过健康、安全的生活。<br>2. 审视生命的意义,追求生命的美好,活出生命的精彩。 |

# 第三节　走进灿烂的生活课堂

为了让孩子们成为精神灿烂的人,我校初中道德与法治学科课程在框架架构上设立了基础型课程和拓展型课程，将语文、地理、劳技、科学、艺术等基础课程融入"灿烂课堂"，培养道德与法治学科的核心素养，达成"学习法律、懂得担当、认识自我、传承文化"四大课程素养。

## 一、学科课程结构

《义务教育思想品德课程标准(2011 年版)》提出：思想品德课程是以初中学生逐步扩展的生活为基础，以学生成长过程中需要处理的关系为线索，有机整合道德、心理健康、法律、国情等方面的内容。综合道德与法治学科的核心素养、初中学生的发展特点以及我校学生的学习特质，并结合四大课程素养，我们的"灿烂课堂"共设置"法治天地、责任公民、认识自我、文化传承"四大类别(见图 8－1)。

图 8－1　"灿烂课堂"课程框架图

1. 法治天地。通过学习法律知识，体验法治生活，渗透法治思想和法治精神，树立法律信仰，使青少年成为法治中国建设的参与者和推动者。

2. 责任公民。通过加强公民道德教育和公民身份教育，培养学生作为公民的责任担当意识与能力,努力做负责任的公民。

3. 认识自我。通过生命教育引导学生学会怎样认识和定位自我,逐渐向健全、丰满的"自我"成长,同时逐步增强学生的自尊心、是非判断能力、责任感等。

4. 文化传承。通过关注人类优秀文化,学习中华传统文化经典,汲取中华优秀传统文化的精髓,做一个堂堂正正的中国人。

我们通过法治天地、责任公民、认识自我、文化传承四大类课程提高了学生社会观察与分析的能力、价值判断与选择的能力和参与社会生活的实践能力,从而使孩子们守法律、懂担当,拥有灿烂的人生。

## 二、 学科课程设置

《义务教育教科书(五四学制)道德与法治教师教学用书(六年级)》明确指出:六、七年级教材以学校生活为主,八年级以社会公共生活为主,九年级以国家政治生活为主。六、七年级的教材内容具体包括:成长、友谊、师长、生命、青春、情绪情感、集体生活、法律生活八大主题。八年级的教材则围绕"公民与国家关系"的主题,以宪法精神为主线,开展公民意识教育与国家意识教育,引领学生崇尚法治精神,增强法治意识。九年级以国情国策教育及全球观念、国际视野为线索设计开展活动,通过活动引导学生认同国家发展的价值追求,逐步明确国民身份,在更为宏大的时代背景下回答"我是谁,我从哪里来,我到哪里去"的自识性问题。

我们以部编初中四年基础课程为主,结合相关拓展课程和学校德育工作,为了更好地提高教学实效,创设了"灿烂课程"各年级段课程的实施内容(见表8-2)。

表8-2 初中道德与法治拓展课程设置表

| 年级 | 学期 | 法治天地 | 责任公民 | 认识自我 | 文化传承 |
|---|---|---|---|---|---|
| 六 | 上 | | 今日关注 | | 小故事大智慧 |
| | 下 | 我与法律 | | 小故事大智慧 | |

续表

| 年级 | 学期 | 法治天地 | 责任公民 | 认识自我 | 文化传承 |
|------|------|----------|----------|----------|----------|
| 七 | 上 | | | 小小演说家 | 小故事大智慧 |
| | 下 | 我与法律 | 今日关注 | | |
| 八 | 上 | | | 今日关注 | 中国故事 |
| | 下 | 我与法律 | | 小小演说家 | |
| 九 | 上 | 我与法律 | 今日关注 | 小小演说家 | 中国故事 |
| | 下 | | 今日关注 | | |

## 三、学科课程内容

依据各年级课程设置的不同主题,结合《义务教育思想品德课程标准(2011年版)》和部编新教材的内容,我们将"灿烂课堂"的课程内容,从课程名称、课程目标、课程内容和整合要求四个方面进行了思考和研究,确定如下课程内容(见表8-3)。

表8-3 初中道德与法治拓展课程内容表

| 课程名称 | 课程目标 | 课程内容 | 跨科整合 |
|----------|----------|----------|----------|
| 法治天地 | 此课程在法律知识学习的基础上,更关注法治生活的体验,力图避免僵硬的知识点的灌输;让学生用心体会法治对于生活的意义和价值,自觉遵法学法守法用法,在不断完善的法治社会中健康成长。 | 孝亲敬长:收集身边子女赡养扶助父母做得比较好的真实事例,可通过漫画和小故事的形式向同学展示。<br>惩恶扬善:收看法制类的节目,了解公安干警和普通市民与违法犯罪分子作斗争的真实感人事迹。<br>以案说法:收集典型案例来学习和宣传公民的基本义务和权利。<br>法治中国:收集并分享法治新闻,感受法治中国的脉搏。学习和维护祖国统一有关的法律法规。<br>以上活动均可通过法治小报的方式进行展示和评选。 | 1. 学校德育、美术等学科。<br>2. 结合学校的德育工作和每年12月4日国家宪法日的宣传主题。 |

| 课程名称 | 课程目标 | 课程内容 | 跨科整合 |
|---|---|---|---|
| 今日关注 | 通过关注校园内外的新鲜事、社会热点和国内外时事新闻，培养学生作为公民的责任担当意识与能力。推动学生学习认识感悟社会主义核心价值观中，个人、社会和国家层面的具体价值目标。 | 校园热点：通过组织学生发布校园"新鲜事"，使学生在相互交流中更多地了解中学生活的方方面面，激发学生对新生活的喜爱之情，帮助学生尽快融入新生活，拥有一个良好的开端。<br>美好集体：观察并收集集体生活中的美好瞬间，结合自己的感悟写好班级日志。<br>社会热点：探讨学习，共同关注国内外大事以及社会热点新闻。<br>时政扫描：收集整理近一周的国内外重大时政新闻，排版打印张贴或播报。以上活动可结合 PPT 等形式展示。 | 1. 心理、语文、信息技术等学科。<br>2. 结合学校德育工作、区时政竞赛活动。 |
| 小故事大智慧 | 讲述一些正面、积极的幽默故事，根据教学内容还增加了生命故事和偶像故事，通过讲述这些或经典、或现代、或自身的故事，提高学生的口头表达能力，感悟故事中蕴含的大智慧，吸收故事中榜样的力量。 | 中外经典：收集中外经典小故事、成语故事、红色经典小故事等，通过讲述或者小品表演的方式在班级中展示，也可进行年级评选。<br>生命故事：搜集他人的生命故事，或者结合自己的生活体验，讲述从出生到现在发生在自己或家人身上的关于生命受伤害的经历和感悟。<br>我的偶像：说说自己最崇拜的偶像是谁，偶像身上的哪些优秀品质对你的学习和生活起到了积极的作用。<br>以上活动可结合情景表演或 PPT 等形式展示。 | 1. 语文、美术、生命科学和心理等学科。<br>2. 结合学校德育工作。 |
| 小小演说家 | 此课程根据教材内容确定主题，开展演讲活动，通过搜集撰写演讲内容、学习准备演讲技巧和演讲策略，锻炼学生的语言表达能力，培养学生的独立性和自信心，树立学生正确的人生观、价值观和世界观。 | 阳光少年：以"我是阳光少年"为主题，举行演讲比赛。要求演讲主题突出、明确，内容丰富、生动。引导学生体会青春期的美好。<br>勇担责任：以"勇担社会责任"为主题，举行演讲比赛，深化学生对承担社会责任的意义的理解，激发学生的社会责任意识。<br>我的梦想：以"共圆中国梦，共享出彩人生"为主题，寻找追梦人的故事，结合实际，给自己设计一份圆梦计划书并举行演讲比赛。<br>以上活动可结合 PPT 等形式展示。 | 1. 语文和历史学科。<br>2. 结合学校德育工作。 |

续表

| 课程名称 | 课程目标 | 课程内容 | 跨科整合 |
|---|---|---|---|
| 中国故事 | 根据不同年级段的学生年龄特点和教学内容讲述不同主题的中国故事，逐步使学生增强爱国主义情感，增强文化自信和民族自尊心自信心，弘扬中国精神。 | 文化篇：讲述中华优秀传统文化的故事以及我国在发展过程中学习和借鉴的不同文明成果。<br>爱国篇：收集建国以来各行各业展示中国精神的人物故事，讲好中国故事，传播中国好声音。<br>改革篇：讲述改革开放以来，我国在经济、科技、教育等方面取得的成就。结合家乡发生的变化以及我的父辈们的生活变化，谈谈对改革开放的理解。<br>以上活动可结合情景表演或 PPT 等形式展示。 | |

## 第四节　搭建灿烂的活动平台

初中道德与法治课程的各项教学活动和拓展课的组织、开展与实施，都以《义务教育思想品德课程标准（2011 版）》为依据，正确把握本课程的内容和特点，遵循初中学生身心发展和思想品德形成与发展的规律，最终提高学生的学习兴趣、核心素养和核心能力。以下是我校初中道德与法治课程的实施途径。

### 一、 建构"灿烂课堂"，提升学科课程实施品质

道德与法治课是为初中生思想品德健康发展奠定基础的一门课程，学生良好思想品德和法治意识的形成，需要有对社会生活的正确认识和自身的实践。因此，我们通过开设"灿烂课堂"，让每一位学生认识自我的价值、感受生活的美好、提高实践的能力。

1. "灿烂课堂"应当关注每一个学生的精神成长。在我们的课堂中，要把对学生的严厉与尊重、爱护和信任结合起来，这样才能倾听到学生精神世界的声音，并关注到学生的精神成长，帮助学生充分认识自我价值，陪伴并引导学生做一个精神灿烂的人。

2. "灿烂课堂"应当结合每一个学生的实际生活。在我们的活动中，要联系学生生活实际，通过对比是与非、对与错、美与丑、善与恶的判断和评价，了解我国法律、社会主义道德以及社会发展对个人的要求，亲身体验个人与家庭、学校、社会和国家的关系，从而形成正确的思想观念和良好的道德品质。

3. "灿烂课堂"应当鼓励每一位学生的充分参与。在我们的教学中，要聚焦"灿烂课堂"，把课程目标真正落到实处，关键在于让学生积极主动地参与到学习活动中去，我们将通过课堂的情感激发、自主探索与合作交流，充分调动每一位学生的学习热情。

## 二、 创设"灿烂社团"，发展学生学习兴趣

为进一步推进灿烂课程的实施，促进学生多元成长、个性发展的目标，建设健康、文明、和谐的现代校园文化，我们依托校本课程，开设"灿烂社团"为重点的校园文化活动。

1. 社会热点社团。探讨学习共同关注国内外大事以及社会热点新闻，根据学生情况和当前时政热点开设内容，如跟随习主席的脚步、我与改革开放、我国的科技成就、垃圾分类新时尚等。布置相关作业，如根据学习内容收集资料、制作 PPT、我来主持和时政竞赛等，为提高学生社会观察与分析的能力、终身学习能力打下坚实的基础。

2. 今日说法社团。结合每年 12 月 4 日国家宪法日的宣传主题开展活动。在认真学习法律知识的同时，参与法治生活的体验，尽可能地避免僵硬的知识点的灌输，如开展案件聚焦、辩论赛和模拟法庭等活动，提高学生价值判断和选择的能力。强调法治思想、法治精神的渗透，使青少年逐步树立法律信仰，成为法治中国建设的参与者。

3. 中国故事社团。讲好中国故事，传承中国精神。在观看《感动中国》等励志类节目的基础上，收集中外经典小故事、成语故事、红色经典小故事等，介绍一句最喜欢

的、激励自己努力向前的名人名言,收集建国以来各行各业展示中国精神的人物故事等等。在充分讲述中国文化内涵的过程中,展现青少年积极乐观、热爱中国文化、尊重文化差异的精神风貌。

### 三、 推行"灿烂之旅",落实研学旅行课程

文化渗透在生活中,是一个民族独特的精神标识。为了帮助学生深入了解中华文化,我们结合学校德育推行"灿烂之旅"的研学活动。

1. 由德育处向高年级学生征集活动方案,设计一条路线,使学生沿途能够学习和感受中华优秀传统文化、革命文化和社会主义先进文化。

2. 请优秀方案的设计者说明设计思路,并向同学介绍自己设计的"灿烂之旅"研学方案所蕴含的精神内涵和时代价值。

3. 最终确定"灿烂之旅"的活动方案。如"敬奉贤人"之旅、"海纳百川"之旅、"党的诞生"之旅等等。活动过程要有记录、有感悟,活动结束后整理撰写旅学日记展示于学校橱窗或者校园广播。

### 四、 创设"灿烂青春节",激发学生潜在情感

初中生的思维是以直观形象思维为主,他们的情感总是在一定的情境中产生的,当内心涌起的情感不能自已时,便要通过一定的方式表达出来,比如文字、歌唱等。因此,我们结合学校德育创设"灿烂青春节"。

1. 布置给学生利用节假日的时间观看以"青春"为主题的优秀影视作品,为了保证效果,要求家长一起陪同。并结合这部电影能感动自己的三个瞬间写观后感。

2. 选出优秀的观后感,在老师的指导下修改成演讲稿,进行演讲比赛。在年级演讲比赛的基础上,进行全校展示。

3. 学唱中国共青团团歌《五月的花海》,并利用"五四"青年节的契机,全校广播播

放团歌，大声歌唱。再每班选取一首能代表青春的歌曲进行班级合唱（表演）比赛，用声音和舞姿展示飞扬青春。

## 五、 做活"灿烂辩论赛"，提高学生的思辨能力

初中学生已具有一定的思辨能力，但常常会对书中的问题和一些社会现象一知半解而困顿、迷茫。如何引导学生准确理解书中知识，恰当解释社会现象，这是担任"灿烂课堂"教师的职责。教师要根据教学内容的需要，配合教学进度开展课堂辩论赛，可以全班分成男生、女生两大组进行自由辩论，或者根据座位推荐代表进行辩论，可即兴的也可有前期准备的辩论，时机成熟的情况下，可以尝试年级辩论赛。通过围绕主题的辩论，在孩子们的思维火花碰撞中逐步提高思辨能力。以上就是我们对学校七彩活动课之"灿烂课堂"课程设置的探索和实践研究。道德与法治学科的教学内容跨学科，涉及面非常广，教师要不断丰富自己的专业知识和理论素养，也要博学多才，同时还要在教学过程中大胆探索新的教学形式和教学方法，不断提高自己的教学能力。在实施"灿烂课堂"课程的过程中，我们还应注意与学校德育工作和其他学科的整合，诸如语文、艺术、地理等学科的教学相结合，融会贯通，相互促进，教学相长，创设多彩的课堂，做一名多彩教师，让道德点亮每一个孩子的心灵，让法律守护每一个孩子的成长，使孩子们做精神灿烂的人。

（撰稿者：陆慧英）

# 第九章

## 体验历史： 让历史学习从经验到体验

历史是一种叙事，它需要体验。拉近学生与历史的距离，使学生在感知、体验和思考历史的过程中，深化对历史的认识与判断，是"体验历史"的意义和价值。"体验历史"是有趣的，在情景体验中，学生感受学习历史的乐趣；"体验历史"是思考的，学生能够提出有价值的问题，搜集、整理、分析历史材料，提升思维能力；"体验历史"是开放的，利用课内外学习资源，进行参观游览、调查访问，让学生在体验中感悟、走近历史。

上海市奉贤区阳光外国语学校历史组共有两位成员，其中一级教师1位，二级教师1位。两位中青年教师勤于钻研、踏实肯干，教学业务精良，教学方法各有所长。历史组成员以学生发展、学校发展、自身发展为目标，在工作中团结创新，力求卓越。

历史组成员依据历史学科课程标准，结合学校实际，围绕学科核心素养和学校"七维度"核心素养培养目标，以《时空对话——让历史学习从经验到体验》为题，进行学校课程统整的实践研究。在《义务教育历史课程标准（2011年版）》的引领下，我们推进历史学科课程建设，取得了良好的成效。

## 第一节　在体验中感悟历史

### 一、 学科性质观和价值观

《义务教育历史课程标准（2011年版）》指出：历史课程是人文社会科学中的一门基础课程，对学生的全面发展和终身发展有着重要的意义。义务教育阶段7—9年级的历史课程在基础教育中占有重要的地位，主要具有以下特征：

思想性。坚持用唯物史观阐释历史的发展与变化，使学生认同中华民族的优秀文化传统，增强爱国主义情感，坚定社会主义信念，拓展国际视野，逐步树立正确的世界观和人生观。

基础性。根据学生的心理特征和认知水平，以普及历史常识为主，引领学生掌握基本的、重要的历史知识和技能，逐步形成正确的历史意识，为学生进一步的学习与发展打下基础。

人文性。以人类优秀的历史文化陶冶学生的心灵，帮助学生客观地认识历史，正确理解人与社会、人与自然的关系，提高人文素养，逐步形成正确的价值取向和积极向上的人生态度，适应社会发展的需要。

综合性。注重人类历史不同领域发展的关联性，注重历史与现实的联系，使学生逐步学会综合运用所学知识和方法对历史和社会进行全面的认识。[①]

基于这种认识，我们通过展现历史演进的基本过程以及人类在历史上创造的文明成果，让学生在追寻文明足迹、知晓前人得失、感受历史发展的过程中，习得了解历史、解释与评价历史的基本方法，汲取历史经验，陶冶道德情操，增强民族精神，开拓国际视野，成为有历史意识和社会责任的公民。

## 二、 学科课程理念

基于《义务教育历史课程标准（2011 年版）》对课程性质的定位，结合学校实际情况，我们提出"体验历史"的课程理念：在"体验历史"中培养学生正确的历史观，让学生的情感、意志、态度等都参与到学习中，使学生的历史学习有意义；使学生学会辩证的观察、分析历史与现实问题，加深对祖国的热爱和对世界的了解，从历史中汲取智慧，养成现代公民应具备的人文素养，以应对时代的挑战。

"体验历史"是有趣的历史。本课程贴近初中学生生活实际，注重兴趣培养，课程内容符合初中七、八年级学生的年龄特征和认知水平，学习形式力求生动活泼、丰富多彩，使学生感受到学习历史的乐趣。

"体验历史"是思考的历史。掌握历史知识是必要的，但更重要的是在此基础上对历史的思考。本课程着力引导学生能够对历史或历史材料提出有价值的问题，并能搜集、整理、分析历史材料，得出自己的观点，提升思维能力。

"体验历史"是开放的历史。本课程的学习内容涉及社会生活的许多领域，充分利用课内外各种可利用的学习资源，组织学生走出课堂，进行参观游览、调查访问、融合学校节庆活动等，让学生在感悟、体验中感悟历史传承，感知人文之美。

---

① 中华人民共和国教育部. 义务教育历史课程标准（2011 年版）［S］. 北京：北京师范大学出版社，2011：1—2.

总之，"体验历史"课程旨在拉近学生与历史的距离，使学生在感知、体验和思考历史的过程中，收获历史知识，习得学史方法，深化对历史的认识与判断，让学生在体验中感悟历史，从而生成鲜明的情感态度与价值观。

## 第二节　培养知真求通的学史态度

《义务教育历史课程标准（2011 年版）》在"课程目标"部分指出：通过义务教育阶段历史课程的教学，学生能够掌握中外历史的基本知识，初步掌握学习历史的基本方法和基本技能；对人类历史的延续与发展产生认知兴趣，感悟中华文明的历史价值和现实意义，养成爱国主义情感，开拓观察世界的视野，认识世界历史发展的总体趋势；初步形成正确的世界观、人生观和价值观，为成为拥有良好综合素质的合格公民奠定基础。

### 一、学科课程总体目标

依据《义务教育历史课程标准（2011 年版）》对课程目标的表述和历史学科核心素养五个方面的要求，设置了我校"体验历史"学科课程总目标为：知道人类文明演变的重要史实、基本线索、发展趋势和史学的基本规范；具有对史料、史实、史论的识读能力，习得解决历史问题的思想方法；培养知真求通的学史态度，形成尊重历史、求真求实以及同人类文明进步相适应的情感态度与价值观。

学生通过历史课程的学习，能够达成以下具体目标：

1. 了解唯物史观的基本观点和方法，包括人类社会形态从低级到高级的发展、生产力和生产关系之间的辩证关系、经济基础和上层建筑之间的相互作用、人民群众在社会发展中的重要作用等，理解唯物史观是科学的历史观。

2. 知道历史事件发生在特定的时间和空间下；知道划分历史时间与空间的多种

方式,并能够运用这些方式叙述过去;能够按照时间顺序和空间要素,建构历史事件、历史人物和历史现象之间的相互关联。

3. 知道史料是历史认识的基础;能够尝试从多种渠道获取史料;能够从所获得的材料中提取有关的信息。

4. 树立正确的历史观,能够具有对家乡、民族、国家的认同感,理解并认同社会主义核心价值观和中华优秀传统文化,心怀对祖国和人民的深情大爱;能够理解和尊重世界各国文明的多样性和多元化。

## 二、 学科课程年段目标

根据《义务教育历史课程标准(2011 年版)》的要求,结合我校历史学科课程总目标和七、八年级的学情,我们制定了七、八年级的学科课程年段目标(见表 10 - 1)。

表 10 - 1　"体验历史"课程年段目标表

| 年级段 \ 学期目标 | 上学期目标 | 下学期目标 |
|---|---|---|
| 七年级 | **第一单元**<br>共同要求:<br>1. 知道北京人的特征,了解半坡居民、河姆渡居民的生活和原始农业的产生,知道炎帝、黄帝的传说故事。<br>2. 通过学习,使学生认识到化石是研究人类起源的重要证据,知道考古发现是了解史前社会历史的重要证据,认识到传说也是认识历史的重要史料。<br>3. 通过对史前人类生活的学习,激发学生的民族自豪感,树立民族自信心和自尊心,加深对祖国历史文化的认同感。<br>校本要求:<br>1. 能运用调查访问获取历史信息,学习搜集资料、整理资料。 | **第一单元**<br>共同要求:<br>1. 知道洋务运动、义和团运动的起因、经过、结果影响;了解八国联军侵华、甲午中日战争、《辛丑条约》《马关条约》的内容和影响;百日维新的内容和历史意义。<br>2. 通过对洋务运动作用的客观分析,提高学生辩证看待历史事件的能力。<br>3. 使学生认识到抗击外来侵略、捍卫民族尊严是中华民族的优良传统,从而树立民族自尊心和自信心。<br>校本要求:<br>1. 根据一定的史实、史料,质疑有明显缺陷的历史叙述。 |

| 学期目标 \ 年级段 | 上学期目标 | 下学期目标 |
|---|---|---|
| | 2. 通过史料培养学生文本解读和史料实证能力，正确辨析传说的价值。<br>3. 培养学生的民族自豪感和历史文化认同感。<br><br>**第二单元**<br>共同要求：<br>1. 知道夏商周三朝更替的史实，了解西周的分封制及其作用、青铜工艺的成就和甲骨文的地位，知道春秋战国时期的社会变化史实。<br>2. 通过教学，培养学生孤证不立的史料证据意识和识读文字史料的能力。<br>3. 通过学习，感受中国古代人民的智慧和创造力。<br>校本要求：<br>1. 根据一定的史实、史料，质疑有明显缺陷的历史叙述。<br>2. 搜集青铜器的图片，说说我国古代青铜工艺的成就，培养学生的表达能力和自主学习能力。<br>3. 通过古代建筑和文化的学习，认识到中国古代人民的智慧和创造力。<br><br>**第三单元**<br>共同要求：<br>1. 知道秦汉时期的中央集权制度和统一措施；丝绸之路的开通及其在中外交流中的作用；东汉的建立。<br>2. 通过观察秦汉两朝的疆域图以及丝绸之路示意图，培养学生的时空观念。<br>3. 通过对《史记》和造纸术的学习，感受到中国文化的博大精深，对整个世界的文化传播都起到了巨大影响。<br>校本要求：<br>1. 能就某一较长时段的多个历史事件，整理出较清晰的线索。<br>2. 观察丝绸之路的路线图、图片和绘画，诵读相关诗作，想象商旅的艰辛， | 2. 采取小组合作的方式，搜集洋务运动的有关资料，谈谈对洋务运动的看法。<br>3. 使学生永远牢记国耻、国难，树立振兴中华的坚定信念。<br><br>**第二单元**<br>共同要求：<br>1. 知道中国同盟会成立、三民主义的内容和含义；了解辛亥革命的历史意义；知道中华民国建立、二次革命、护国战争、护法运动的基本史实。<br>2. 通过历史史料的解读与分析，培养学生解读历史问题的能力，从而让学生全面地认识和看待历史事件。<br>3. 通过对革命烈士英雄人物事迹的讲述，让学生认识到中国人为民族独立、解放而不屈努力的奋斗精神，从而让学生树立正确的人生观和价值观。<br>校本要求：<br>1. 能运用调查访问获取历史信息，学习搜集资料、整理资料。<br>2. 以学生为主体，以探究性问题为主线，让学生主动参与课堂，喜欢课堂，从而提高课堂的学习效率。<br>3. 通过学习，让学生明白中国民族民主革命道路上的曲折性和复杂性。<br><br>**第三单元**<br>共同要求：<br>1. 了解新文化运动兴起的历史背景、代表人物及著作；知道五四运动的爆发时间、经过、口号等基本情况；知道中共"一大""二大"召开的内容。<br>2. 指导学生从历史背景出发，联系具体内容，分析其作用与影响，从而提高学生分析问题的能力。<br>3. 使学生认识到中国早期的共产党人为了中国革命的胜利而不懈探索和奋斗的结果，其前赴后继的奋斗精神和开拓 |

续表

| 学期目标<br>年级段 | 上学期目标 | 下学期目标 |
|---|---|---|
| | 强化时空观念。<br>3. 感受中国文化的博大精深,培养学生的民族自豪感。<br>**第四单元**<br>共同要求:<br>1. 知道三国鼎立局面的形成;北魏孝文帝改革内容;祖冲之等科学家、文学家的成就。<br>2. 通过史料研读,培养学生文本解读能力。<br>3. 通过本课学习,认识到民族交往、交流、交融对中华民族发展的意义。<br>校本要求:<br>1. 通过史料研读,培养学生文本解读能力。<br>2. 阅读《三国演义》的片段,讲述史实与《三国演义》描述的区别。<br>3. 搜集南北朝时期民族交往、交流、交融的资料,编写一期板报。<br>**第五单元**<br>共同要求:<br>1. 知道隋唐建立及政治、经济创设的基本史实,知道贞观之治和开元盛世。<br>2. 通过唐诗,让学生了解盛唐的社会气象,认识到文学艺术作品的证史价值。<br>3. 通过对文成公主入藏、玄奘西行的学习,使学生感受到民族和睦与中外文化交流的发展。<br>校本要求:<br>1. 掌握隋唐时期的基本史实。<br>2. 设计表格,列出秦始皇、汉武帝和唐太宗的历史功过。<br>3. 从文物和唐诗中感受唐朝的社会风尚,认识到文学艺术作品的证史价值。<br>**第六单元**<br>共同要求:<br>1. 知道北宋、南宋、元等政权建立发展的史实,了解四大发明的内容和宋代南方经济的发展。 | 精神是我们学习的榜样。<br>校本要求:<br>1. 知道口述史料的有效性和可靠性与当事人的处境、认识水平有关。<br>2. 通过访问、调查、参观等多种途径获得对近代社会生活的感性认识。<br>3. 通过指导学生阅读书中有关白话文的材料,培养学生对于历史新事物的鉴别和理解能力。<br>**第四单元**<br>共同要求:<br>1. 知道北伐战争、南昌起义、秋收起义等的领导人、时间、地点和结果;了解井冈山革命根据地创建和工农武装割据道路的开辟;知道红军长征的原因和遵义会议的内容。<br>2. 充分利用多媒体教学的优势,增强学生的求知欲,活跃课堂气氛,合作讨论,积极发言,增强合作和协调意识,促进学生思维和能力的提高。<br>3. 使学生认识到老一辈无产阶级革命家为革命胜利作出了伟大贡献,激发学生对老一辈无产阶级革命家的崇敬之情。<br>校本要求:<br>1. 通过收集南昌起义、井冈山会师的有关史实,培养学生收集历史资料的能力,学习收集资料和整理资料、提取有效信息的方法。<br>2. 通过感受红军克服困难的勇气和决心,让学生逐渐形成不怕困难、积极向上的心态。<br>**第五单元**<br>共同要求:<br>1. 知道九一八事变、华北危机、一二·九运动以及西安事变的时间、经过、结果与影响;知道七七事变、第二次国共合作、淞沪会战、南京大屠杀等史实;知道 |

| 学期 目标 年级段 | 上学期目标 | 下学期目标 |
|---|---|---|
| | 2. 欣赏《清明上河图》,说一说宋代城市生活中的衣食住行和生活风俗,培养学生从文学和艺术作品中提取历史信息的能力。<br>3. 通过对四大发明的学习,使学生认识到四大发明对世界文明发展的影响与贡献。<br>**校本要求:**<br>1. 分小组搜集中国古代四大发明的资料,出一期板报,培养自主学习迁移能力。<br>2. 举办故事会,讲述岳飞抗金、文天祥抗元等历史故事。<br>**第七单元**<br>**共同要求:**<br>1. 知道明清时期皇权强化和疆域巩固的政策;郑和下西洋和戚继光抗倭等对外关系;清代文学艺术发展的基本知识。<br>2. 通过填图,了解清朝疆域的四至,用史实说明巩固统一多民族国家的重要意义。<br>3. 通过明长城和北京城的建筑,体会中国古代人民的智慧和创造力。<br>**校本要求:**<br>1. 通过史料研读,体会中国古代人民的智慧和创造力。<br>2. 绘制郑和下西洋的航行路线简图,讨论郑和下西洋的意义。<br>3. 总结中国古代朝代更替,学生自主编制中国古代主要朝代顺序表。<br>**第八单元**<br>**共同要求:**<br>1. 了解虎门销烟、中英《南京条约》的内容;第二次鸦片战争的发生和《天津条约》《北京条约》的内容;了解太平天国运动的兴衰史实、《天朝田亩制度》《资政新篇》的内容。 | 正面、敌后战场的战争。<br>2. 培养学生描述历史事件的能力,培养学生用历史唯物主义的基本观点分析问题的能力以及主动探究历史的意识。<br>3. 认识军国主义的本质及危害,树立为人类和平、民主、进步事业而奋斗的精神。<br>**校本要求:**<br>1. 知道口述史料的有效性和可靠性与当事人的处境、认识水平有关。<br>2. 通过提供材料让学生获取有效信息,培养学生从不同角度认识问题和论从史出的学习方法。<br>3. 通过学习敌后战场的抗战,使学生清楚中国共产党在敌后战场中的作用,明白抗击外来侵略是每一个中华儿女的历史责任和使命。<br>**第六单元**<br>**共同要求:**<br>1. 知道重庆谈判及内战爆发的史实;知道《中国土地法大纲》和土地改革总路线;知道三大战役和渡江战役的基本史实。<br>2. 通过对内战爆发、人民解放战争迅速胜利原因的探究分析,培养学生丰富的历史想象力,初步掌握归纳、分析的学习方法,形成独立思考、勇于探索的意识与能力。<br>3. 通过对人民解放战争胜利原因的分析研究,认识到"得人心者得天下,失人心者失天下"。<br>**校本要求:**<br>1. 根据一定的史实、史料,质疑有明显缺陷的历史叙述。<br>2. 通过了解共产党为争取和平民主做出的努力,使学生感知和平、民主的来之不易,从而增加学生维护和平民主的自觉性和对共产党的热爱之情。<br>3. 举办故事会,讲述八路军、新四军坚持 |

续表

| 学期目标 / 年级段 | 上学期目标 | 下学期目标 |
|---|---|---|
| | 2. 通过对条约内容的分析，培养学生分析历史现象的能力，并透过现象看本质。<br>3. 通过学习，使学生认识到"弱国无外交""落后就要挨打"的历史规律，从而激发学生立志为中华民族的伟大复兴而努力学习。<br>校本要求：<br>1. 根据一定的史实、史料，质疑有明显缺陷的历史叙述。<br>2. 讲述林则徐虎门销烟的故事，列举不平等条约的内容，认识到鸦片战争对中国近代社会的影响。<br>3. 感受以林则徐为代表的中国人民反抗侵略的斗争精神。 | 抗敌的故事。<br>第七单元<br>共同要求：<br>1. 知道中国民族资本主义的发展情况，以及近代以来中国人生活的变化；知道文学艺术家的主要成就。<br>2. 指导学生归纳总结民国时期的教育文学事业的发展，创制表格，使学生对知识点条理清晰，以便从宏观上把握知识点，进而培养学生归纳、总结知识的能力。<br>3. 使学生认识到中国近代社会性质决定了中国民族资本主义的曲折发展；让学生感受到张謇、侯德榜等人的爱国情怀，培养学生的民族情怀和热爱祖国的情感。<br>校本要求：<br>1. 教师引导，学生主导，共同探究问题，提高学生分析历史问题的能力。<br>2. 通过对民国时期文艺作品时代性的分析，培养学生爱国主义思想，增强学生的社会责任感。 |
| 八年级 | 第一单元<br>共同要求：<br>1. 讲述开国大典，认识新中国成立的意义；认识抗美援朝、保家卫国的正义性；了解土地改革运动。<br>2. 根据一定的史实、史料，质疑有明显缺陷的历史叙述。<br>3. 体会新生国家在复杂的国际国内形势下巩固政权的艰难。<br>校本要求：<br>1. 组织观看《开国大典》《建国大业》等影片，体会"中国人从此站起来了"的深刻内涵。<br>2. 能甄别明显不符合史实的图片材料。<br>3. 认识中华人民共和国建立的伟大历史意义。 | 第一单元<br>共同要求：<br>1. 通过1640年革命和其后的"光荣革命"，初步理解英国君主立宪制确立的历史意义；通过华盛顿、《独立宣言》和1787年宪法，理解美国革命对美国历史发展的影响；通过法国大革命和拿破仑帝国的活动，初步理解法国革命的历史意义。<br>2. 从时代特征、社会地位、文化背景、思想认识的视角，解释历史人物的作用与影响。<br>3. 感受近代社会转型时期的民主政治。<br>校本要求：<br>1. 能引用历史学家对拿破仑的评价，结合自己的思考，表达对拿破仑的看法。<br>2. 从相同与不同的视角，整理归纳英、美、法三国资产阶级革命的异同点。 |

| 学期目标<br>年级段 | 上学期目标 | 下学期目标 |
|---|---|---|
| | **第二单元**<br>共同要求：<br>1. 了解"一五计划"和"三大改造"，知道中国 1956 年进入社会主义初级阶段；了解人民代表大会制度和政治协商会议制度，知道中国特色社会主义的民主政治；知道"大跃进"和人民公社化运动的失误，了解这一时期以王进喜、焦裕禄、雷锋为代表的广大干部群众艰苦奋斗的精神。<br>2. 懂得调查访问是获得口述史料的重要途径；提取实物、当事人对过去岁月的回忆中包含的历史信息，构建对过去的认知。<br>3. 认同人的生命、权利和人民的利益、愿望是衡量一切行为的起点和归宿。<br>校本要求：<br>1. 能运用调查访问获取历史信息，学习搜集资料、整理资料。<br>2. 围绕相关主题，从当事人的回忆等材料中提取历史信息。<br>3. 感悟社会和经济发展应从国情出发，尊重客观规律。<br>**第三单元**<br>共同要求：<br>1. 了解中共十一届三中全会、农村改革和深圳特区的发展，认识邓小平对改革开放所起的重要作用。<br>2. 能就某一较长时段的多个历史事件，整理出较清晰的线索。<br>3. 认识中共十一届三中全会实现了党的工作重心向经济建设的转移，中国经济出现了腾飞。<br>校本要求：<br>1. 能初步分清历史故事片与历史纪录片的异同。 | **第二单元**<br>共同要求：<br>1. 通过珍妮机、蒸汽机、铁路和现代工厂制度等的出现，初步理解工业化时代来临的历史意义；了解马克思、恩格斯的革命活动和《共产党宣言》的发表，理解马克思主义诞生的历史意义。<br>2. 用背景和条件的感念范畴，分析、综合基本史实。<br>3. 感受近代自然科学兴起对社会发展的巨大推动力；认同科学技术是生产力；感悟社会理论与实践结合的重要性。<br>校本要求：<br>1. 画一幅反映工业革命中动力演进的图示，说说蒸汽机在工厂制度产生中的作用。<br>2. 学唱《国际歌》，知道《国际歌》的创作与流传。<br>3. 体悟工业革命中技术革新对社会生产力的巨大推动作用，认识"科学技术就是第一生产力"；认识马克思主义是人类文明杰出的思想成果，是社会主义运动的强大理论武器。<br>**第三单元**<br>共同要求：<br>1. 知道玻利瓦尔领导的反殖斗争、印度民族大起义等史实，理解殖民地人民反抗斗争的正义性和艰巨性；知道彼得一世改革、亚历山大二世废除农奴制法令，理解改革促进了俄国历史的进步；知道《解放黑人奴隶宣言》的主要内容，理解南北战争在美国历史发展中的作用；知道明治维新的主要政策，理解明治维新在日本历史发展中的作用。<br>2. 用相同与不同的感念范畴，分析、综合基本史实。 |

续表

| 学期目标　年级段 | 上学期目标 | 下学期目标 |
|---|---|---|
| | 2. 知道口述史料的有效性和可靠性与当事人的处境、认识水平有关。<br>3. 感悟改革开放推动社会发展的伟大成就。<br>**第四单元**<br>共同要求：<br>1. 通过民族区域自治制度，认识各民族共同团结奋斗、共同繁荣发展的重要意义；了解香港、澳门回归和海峡两岸关系改善的史实，认识祖国统一是历史的必然趋势。<br>2. 整理教材中涉及的台湾问题的相关知识，以表格形式对上述知识归类。<br>3. 通过对香港、澳门回归历史的学习，增强对祖国的热爱以及维护国家统一的决心。<br>校本要求：<br>1. 通过报纸杂志或网络等媒体了解当前海峡两岸局势。<br>2. 围绕某一主题，利用网络搜集具有代表性的文字或图片史料，小组合作制作专题电脑小报，掌握按主题搜集历史信息的方法。<br>**第五单元**<br>共同要求：<br>1. 通过新中国成立 70 周年庆典阅兵仪式上展出的武器装备，了解国防和军队建设的成就；了解中国恢复在联合国合法席位和中美建交等史实，知道中国独立自主的和平外交政策。<br>2. 从教科书提供的一组专题图片中提取历史信息，提高读图释图能力，能按时间顺序处理专题历史信息。<br>3. 感悟面对纷繁变换的国际局势，中国始终坚持独立自主的和平外交政策，积极开展外交工作，为维护世界和平和促进共同发展作出了巨大贡献。 | 3. 体会资本主义全球扩张的双重性；认同民族独立和自救精神，反对殖民主义。<br>校本要求：<br>1. 学习运用比较的方法，列出中国戊戌变法与日本明治维新的异同。<br>2. 能将历史人物置于特定的历史环境中，史论结合地进行评价。<br>**第四单元**<br>共同要求：<br>1. 通过电的利用，内燃机与汽车、飞机的诞生等史实，了解第二次工业革命；理解工业革命带来的社会进步和社会问题；通过牛顿、达尔文、巴尔扎克和贝多芬等人的成就，了解科学和文化在近代社会发展中的重要作用。<br>2. 从基本特征、主要贡献的视角，解释优秀文明成果的作用与影响。<br>3. 认同生产力是生产发展中最活跃、最革命的决定因素；欣赏文学家、艺术家关注现实、追求自由的精神。<br>校本要求：<br>1. 能把通过多种途径搜集到的多项材料按一定的标准进行整理和归纳。<br>2. 围绕第二次工业革命主题，筛选所搜集的材料，尝试制作历史主题小报。<br>3. 领悟科学技术革命的进步对社会生活方式和人类精神面貌产生的巨大影响。<br>**第五单元**<br>共同要求：<br>1. 知道"三国同盟"和"三国协约"、萨拉热窝事件、凡尔登战役等；分析第一次世界大战爆发的原因，了解世界大战给人类社会带来的巨大灾难；通过彼得格勒武装起义的胜利，理解列宁领导的世界上第一个社会主义国家诞生的重要历史意义；了解《凡尔赛条约》《九国公约》的基本内容，知道战胜国建立了战后世 |

| 学期目标<br>年级段 | 上学期目标 | 下学期目标 |
|---|---|---|
| | 校本要求：<br>1. 查找国庆阅兵的资料，看中国军事装备的进步。<br>2. 通过近期中国的一次重大外交行动，认识中国国际地位的提高。<br>**第六单元**<br>共同要求：<br>1. 了解"两弹一星"和杂交水稻等，认识科学技术的重要作用。<br>2. 从衣食住行用等方面的变化，了解经济的快速发展和人民生活水平的提高。<br>校本要求：<br>1. 谈谈自己家庭生活的变化。<br>2. 能通过询问长辈，了解杂交水稻的优点，并辨别口述史料的立场倾向和真实程度。<br>**第七单元**<br>共同要求：<br>1. 知道金字塔，初步了解古埃及文明；通过《汉谟拉比法典》，初步了解两河流域文明；通过种姓制度和佛教的创立，初步了解古代的印度社会。<br>2. 懂得考古资料属于第一手资料和直接证据，能对其价值高低做出较为合理的判断。<br>3. 领悟人类文明的起源和内涵的多样性特点。<br>校本要求：<br>1. 在地图上标出包括中国在内的世界古代主要文明中心的地理位置。<br>2. 借助地图获取相关历史信息，分析地理环境对各主要区域文明的影响，懂得不同的自然地理环境造就了不同文明的地区差异性。 | 界的新秩序；从新经济政策、社会主义工业化和农业集体化，了解苏联社会主义建设的成就和主要问题；知道甘地领导的印度非暴力不合作运动、埃及的华夫脱运动和墨西哥的卡德纳斯改革，了解各国人民争取民族独立斗争的不同特点。<br>2. 根据一定的史实、史料，质疑有明显缺陷的历史解释。<br>3. 体会人民反对战争、渴望和平的心声；认同经济政策应正确处理理想与现实的关系。<br>校本要求：<br>1. 通过第一次世界大战前后的欧洲示意图，学习运用历史地图的方法。<br>2. 懂得历史漫画是特定历史时期的人们对某一历史事件的认识，能解读反映某一重大历史事件的若干幅历史漫画。<br>3. 体悟"战争给人类社会的发展与进步带来严重的灾难"，树立反对战争、热爱和平的意识。<br>**第六单元**<br>共同要求：<br>1. 知道经济大危机，了解罗斯福新政，理解国家干预政策对西方经济发展的影响；了解日本对中国的侵略、纳粹德国的对外扩张；知道德国、日本、意大利侵略集团是发动第二次世界大战的罪魁祸首；知道第二次世界大战的主要进程、《联合国家宣言》和雅尔塔会议，理解世界人民反法西斯战争的艰巨性和胜利原因。<br>2. 从时代特征、社会地位、文化背景、思想认识的视角，评价历史人物的作用与影响。 |

续表

| 学期目标 年级段 | 上学期目标 | 下学期目标 |
|---|---|---|
| | **第八单元**<br>共同要求：<br>1. 知道希腊城邦和雅典民主,初步了解亚历山大帝国对东西方文化交流的作用;知道罗马城邦,了解罗马帝国的征服与扩张。<br>2. 懂得包括神话、传说在内的口传史料所包含的信息是历史信息的载体之一。<br>3. 感受古代区域文明的不同特色,认同自然环境对早期人类文明的重要影响。<br>校本要求：<br>1. 列表总结各主要区域文明的基本特征;并能对两种及以上不同类型的区域文明进行多方面的比较。<br>2. 懂得神话、绘画、雕塑等的史料价值,能汲取其中蕴含的历史信息。<br>3. 感悟人类文化的多元性、共容性和发展的不平衡性,认识到世界各地区、各民族共同推动了人类文明的进步,养成理解、尊重、吸收其他民族文化精华的开放心态。<br>**第九单元**<br>共同要求：<br>1. 以法兰克王国为例,初步理解在罗马帝国的废墟上逐渐产生新的文明;了解基督教在欧洲中世纪历史发展中的作用;了解西欧庄园生活,知道庄园是西欧中世纪社会的基础;知道西欧中世纪的城市既是工商业者的聚集地,也是一个相对自治的共同体;以巴黎大学、牛津大学的兴起为例,初步认识欧洲的早期大学;知道《查士丁尼法典》,初步了解拜占庭帝国的历史地位。<br>2. 从时代特征、自然环境、文化传统、社会生活的视角,解释历史事件的联系、作用与影响。 | 3. 反对强权政治;认同杰出人物的制度创新精神;欣赏人类在共同灾难面前的团结协作。<br>校本要求：<br>1. 搜集有关材料,揭露德、意、日法西斯反人类的暴行。<br>2. 观看《辛德勒的名单》《珍珠港》《斯大林格勒保卫战》等影片,树立正义一定战胜邪恶的信念。<br>3. 就"人类能否有效避免世界大战的爆发"展开辩论,提高学生的思辨和表达能力。<br>**第七单元**<br>共同要求：<br>1. 知道杜鲁门主义、德国分裂、"北约"与"华约",了解美苏"冷战"对峙局面的形成;知道欧洲联合的趋势和日本经济的发展;知道社会保障制度的建立,初步了解战后资本主义发展的新特点;知道苏联模式社会主义的推广,了解苏联的改革与变化以及苏联解体和东欧剧变;通过万隆会议、"非洲年"、巴拿马收回运河主权等史实,知道战后殖民体系的崩溃和亚非拉国家为捍卫国家主权、发展经济所进行的斗争。<br>2. 从时代特征、自然环境、文化传统、社会生活的视角,评价历史事件的联系、作用与影响。<br>3. 尊重人类社会的多元发展。<br>校本要求：<br>1. 掌握运用提纲形式对持续较长时期的重大历史事件进行梳理的方法。<br>2. 懂得不同的立场对同一历史问题会出现不同的解释,学习运用所掌握的知识,简单阐述自己的观点。 |

147

| 学期目标 / 年级段 | 上学期目标 | 下学期目标 |
|---|---|---|
| | 3. 领悟封建庄园、基督教会、城市和大学兴起是中世纪欧洲区域文明的主要特点。<br>校本要求：<br>1. 绘制一幅欧洲中世纪庄园平面图，了解庄园布局和农民生活日常。<br>2. 能围绕十字军东征这一历史事件，搜集整理不同类型的材料，多角度地看待十字军东征。<br>**第十单元**<br>共同要求：<br>1. 知道大化改新，初步了解日本古代社会；了解伊斯兰教的传播，初步认识阿拉伯帝国在文化上的贡献。<br>2. 从基本特征、主要贡献的视角，理解优秀文明成果的作用与影响。<br>3. 感悟伊斯兰教在阿拉伯帝国统一过程中的重要作用和阿拉伯伊斯兰文化的特征。<br>校本要求：<br>1. 能从时序和地域的角度解读历史地图，进而比较、分析和归纳基本史实。<br>2. 感悟不同文明之间频繁的交流和学习，使封建时代的亚洲诸多区域创造了领先于世界水平的灿烂文化。<br>**第十一单元**<br>共同要求：<br>1. 知道《神曲》、莎士比亚的戏剧等，初步理解文艺复兴对人的思想解放的意义；从手工工场和租地农场的产生，初步理解近代早期西欧社会经济的重要变化；通过哥伦布发现美洲、麦哲伦环球航行，初步理解新航路开辟的世界影响；知道"三角贸易"，了解资本原始积累的野蛮性和残酷性。<br>2. 运用动机与后果的感念范畴，分析、综合基本史实。 | 3. 认识战后国际格局发展的趋势，树立为维护世界和平和人类可持续发展作出贡献的意识。<br>**第八单元**<br>共同要求：<br>1. 初步理解联合国和世界贸易组织的宗旨和作用；初步了解"冷战"后多极化的发展趋势；以计算机网络、生态与人口等问题为例，了解现代人类社会的发展及面临的挑战。<br>2. 能从政治、经济和文化等视角，评价某一重大发明的利弊，或某一重大国际组织的作用，辩证、全面地看待历史问题。<br>3. 认同和平与发展的时代主题。<br>校本要求：<br>1. 通过查阅报纸杂志、利用网络技术、进行社会调查等形式，了解当前人类面临的共同问题，并就其中的某一方面，如人口、资源、环境和社会问题等，撰写调查报告，学会从事社会调查的方法。<br>2. 尝试给联合国写信，就某一问题提出自己的建议或倡议。<br>3. 认识联合国在处理局部冲突、维护世界和平、加强国际经济和贸易合作、推动和建立国际经济政治新秩序、解决人类共同面临的生态环境等问题方面所作出的巨大贡献。 |

续表

| 学期<br>目标<br>年级段 | 上学期目标 | 下学期目标 |
|---|---|---|
| | 3. 感受世界历史从区域向整体发展的重大转折。<br>校本要求：<br>1. 能分析某一重大历史事件的多重影响，从文明与暴力、孤立与整体、交融与对抗、扩展与殖民的角度，了解区域文明向全球文明过渡的文明发展历程。<br>2. 绘制哥伦布开辟西欧至美洲新航路的示意图，提高绘制历史简图的基本技能。 | |

## 第三节　跨越时空的对话

　　我校历史课程框架依据学校"七维度"课程体系，分为基础型课程和拓展型课程。基础型课程是全体七、八年级学生必须学习的课程，课程内容包括中国历史和世界历史。通过中外历史上重要的事件、人物和现象，展现人类社会从古至今、从分散到整体、从低级到高级的发展历程，使学生初步了解和认识人类历史演变的基本脉络以及丰富多样的历史文化遗产。拓展型课程是学生根据个人兴趣而选择修习的课程，由若干学习主题构成，呈现中外历史多方面的重要内容，以主题学习重现历史时空。通过实际的探究活动，跨越时空的对话，增强学生深入学习历史的能力与素养。

### 一、学科课程结构

　　依据《义务教育历史课程标准（2011年版）》，课程内容分为中国古代史、中国近代史、中国现代史、世界古代史、世界近代史、世界现代史。通过义务教育阶段历史课程的基础性课程教学，使学生能够掌握中外历史的基本知识，培养学生掌握学习历史的基本方法和基本技能，激发学生对人类历史的延续与发展产生认知兴趣，感悟中华文明的历史价值和现实意义，养成爱国主义情感，开拓观察世界的视野并认识世界历史发展的总体趋势。结合我校七彩课程理念以及历史学科课程理念，我们以国家课程为基础，在"体验中国古代史、体验中国近代史、体验中国现代史、体验世界古代史、体验世界近代史、体验世界现代史"六个方面进行课程构建，从而形成历史学科课程群（见图 9-1）。

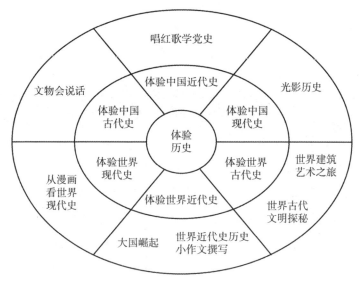

图 9-1 "体验历史"课程结构图

1. 体验中国古代史

中国文明源远流长，绵延不断，成就辉煌，对人类进步作出了伟大贡献。通过学习，知道中国古代的一些重要历史人物、历史事件和历史现象，能够认识历史地图，较为清晰地叙述相关的史事，初步掌握学习历史的基本方法，不断增强学习祖国历史的兴趣，激发民族自豪感，树立民族自信心和自尊心，加强对祖国历史文化的认同感。

2. 体验中国近代史

中国近代史是中国半殖民地半封建社会逐渐形成到瓦解的历史,也是中华民族努力实现国家富强和人民富裕而奋斗的历史。通过学习,了解中国近代历史发展的基本线索;能够阅读和理解一些基本的历史材料,认识捍卫国家主权和民族尊严是中华民族的优良传统,知道没有共产党就没有新中国的道理,从而坚定为中华民族复兴而奋斗的信念。

3. 体验中国现代史

中国现代史是中国共产党领导全国各族人民进行社会主义革命和建设的历史,也是为国家富强和人民幸福而不懈努力的历史。通过学习,使学生了解中国现代史的重要历史人物、历史事件、历史现象和历史发展的基本线索;能从社会的不断进步和发展中体会到必须坚持中国共产党的领导,坚定建设中国特色社会主义的信念。

4. 体验世界古代史

世界古代史从早期人类的出现,直到公元 15 世纪末期,经历了原始社会、奴隶社会和封建社会的连续发展过程。通过学习世界古代史,知道主要国家和地区重要的历史事件,了解世界古代史发展的基本线索,感悟人类文化的多元性、共容性;认识到世界各地区、各民族共同推动了人类文明的进步,同时初步树立起正确的国际意识,培养理解、尊重、吸收其他民族文化精华的开放心态。

5. 体验世界近代史

世界近代史的起讫时间大约是从 16 世纪初至 19 世纪末,在这一时期,人类逐渐从相对孤立和隔绝的状态步入相互联系、相互依赖的阶段,进而产生了真正意义上的世界历史。通过学习,了解世界近代史上的重要历史人物、历史事件、历史现象和历史发展的基本线索,初步学会对同类的历史事物进行比较、概括和综合,初步形成历史进步意识、历史正义感和以人为本的价值观。

6. 体验世界现代史

世界现代史主要叙述的是 20 世纪初以来世界历史发展的基本进程。通过学习,了解世界现代史上的重要历史人物、历史事件、历史现象和历史发展的基本线索,初步学会从漫画中提取历史信息,知道文学艺术作品的证史价值,树立热爱和平的观念和忧患意识,增强社会责任感和历史使命感。

## 二、 学科课程设置

历史课程设置既注意到与基础型课程的衔接与贯通,又注意到两者的区别。基础型课程是共同基础,学生通过学习掌握中国史和世界史的重要史事和发展脉络,初步形成对历史的整体认识;拓展型课程是基础型课程的递进与拓展,呈现更为丰富多彩的历史内容,提高学生的学习兴趣,引领学生从多角度认识历史的发展与变迁。依据课标,根据 7—8 年级学生的年龄特征和认知规律,我们围绕"体验中国古代史、体验中国近代史、体验中国现代史、体验世界古代史、体验世界近代史、体验世界现代史"六个方面,进行历史学科课程设置。具体课程设置如下(见表9-2)。

表9-2 "体验历史"课程设置表

| 课程类别<br>年级学期 | | "体验"中国古代史 | "体验"中国近代史 | "体验"中国现代史 | "体验"世界古代史 | "体验"世界近代史 | "体验"世界现代史 |
|---|---|---|---|---|---|---|---|
| 七年级 | 上 | 文物会说话 | 唱红歌学党史 | | | | |
| | 下 | | | 光影历史 | 世界古代文明探秘 | | |
| 八年级 | 上 | | | | 世界建筑艺术之旅 | 大国崛起 | |
| | 下 | | | | | 历史小作文撰写 | 从漫画看世界现代史 |

## 三、 学科课程内容

课程内容聚焦"体验中国古代史、体验中国近代史、体验中国现代史、体验世界古代史、体验世界近代史、体验世界现代史"六个维度，在7—8年级分别设置不同课程。在内容范畴上，七年级侧重于中国历史，八年级侧重于世界历史。在目标达成上，遵循循序渐进的原则，体现七、八年级的目标分层，逐渐落实课程目标。具体课程内容如下（见表9-3）。

表9-3 "体验历史"课程内容表

| 课程名称 | 课程目标 | 课程内容 |
|---|---|---|
| 文物会说话 | 通过本课程学习，使学生在赏析了青铜器等史料后，初步掌握历史学习的方法，知道史料是通向历史认识的桥梁，知道考古发现是了解历史的重要途径，并初步学会区分不同类型的史料。 | 赏析各类中国古代文物：实物史料和文献史料，包括遗物、遗址、建筑、碑刻、雕塑和绘画等，这类文物是历史的见证和历史知识的可靠来源，既能比较真实地反映历史，又具有形象直观性。引导学生从文物中获取有效信息，感受各个朝代的经济、政治和社会风尚。 |
| 唱红歌学党史 | 通过本课程学习，让学生在学唱红歌的过程中，从歌词内容中了解中国近代历史发展的基本线索，在歌唱过程中共情历史，认识捍卫国家主权和民族尊严是中华民族的优良传统，知道没有共产党就没有新中国的道理，从而坚定为中华民族复兴而奋斗的信念。 | 采取小组合作的方式，布置作业，让学生回家收集中国近代时期创作的抗战歌曲并学唱，在课堂中举办抗战歌曲演唱会，分小组演唱并介绍所唱歌曲的创作背景，并分享自己对这首歌曲的感受，在这个过程中，感同身受地理解中国共产党在抗日战争中的中流砥柱作用。 |
| 光影历史 | 通过本课程学习，加强课程内容与学生生活的融通，激发学生学习兴趣。在影视欣赏中认知、触摸历史的经脉，思考、辨析历史的变迁。 | 现代是中国影视业开始百花盛开的时期，很多历史都被记录下来。组织学生观看历史纪录片和影视片，加深对历史时期重大事件的把握和理解。在影评撰写、影像辩论、经典故事表演等活动中思考、辨析历史的变迁。 |
| 世界古代文明探秘 | 通过本课程学习，使学生知道特定的史事是与特定的时间和空间相联系的；知道划分历史时间与空间的多种方式，并能够运用这些方式叙述过去；并能够理解和尊重世界各国文明的多样性和多元化。 | 观察历史地图，从中提取有效信息绘制表格，将六个世界古代文明古国分类归纳，从文明地区、起源、文明成果等方面入手，学生可自行设计表格，进行纵横比较，找到文明诞生与形态各异的原因，知道特定的史事是与特定的时间和空间相联系的。 |

续表

| 课程名称 | 课程目标 | 课程内容 |
|---|---|---|
| 世界建筑艺术之旅 | 通过本课程学习，让学生将世界建筑与历史结合，从历史时间和事件推进，了解依附在建筑上的流动着的历史文化，深刻理解包裹在建筑上的意义，欣赏不同建筑派别，理解和尊重人类创造的优秀文明成果。 | 布置小任务：设计"我喜欢的历史建筑"明信片。让学生结合课上所学并自主查找建筑信息，了解不同历史时期世界著名建筑的历史，完成后分组进行课堂展示与分享。在欣赏不同建筑派别的过程中，培养学生理解和尊重人类创造的优秀文明成果。 |
| 大国崛起 | 通过本课程学习，培养学生初步学会对同类的国家、历史事件进行比较、概括和综合的能力，初步形成历史进步意识、历史正义感和以人为本的价值观。 | 自行设计表格，结合基础课程所学，挑选几个当今大国，梳理其从弱小到强大崛起的因素、过程，并找出几个大国崛起的相同点和不同点，在自主学习的过程中加深对史实的认识，并养成历史进步意识，认识到每个国家的进步都是曲折性的，都不是一日强大的。 |
| 历史小论文撰写 | 以世界近代史史实内容为小论文撰写前提，通过论文撰写，培养学生发现问题、分析问题和解决问题的能力。提升学生搜集整理资料能力、逻辑思维能力和语言表达能力。 | 教师讲述历史小论文写作的规范和方法，包括"写什么""怎么写""怎么改"。组织学生围绕写作主题开展资料搜集、自主写作。并在课堂中组织小论文评比。 |
| 从漫画看世界现代史 | 通过赏析一战、二战和冷战时期的漫画，培养学生从漫画中提取浅层与深层信息的能力，进而知道历史漫画虽然是文学艺术作品，但仍是记录历史与研究历史的重要史料，并培养初步掌握漫画证史的路径，知道与原始史料互证是证实文学艺术作品价值的史学方法。 | 赏析不同历史时期各国出现的漫画作品。指导学生自行绘制某个历史时期的漫画，主题事件不限。并在课堂分享，让其他同学来解读漫画提取信息，更多地参与课堂。 |

## 第四节　创设历史学习体验空间

本课程根据学生的年龄特征和认知水平，创设多元历史学习体验空间，开展丰富多彩的课内外教学活动,努力提高教学实效。注重初中学生的心理特征和认知水平,结合具体、生动的史实,从多方面调动学生的学习积极性,激发学生学习历史的兴趣;以转变学生的学习方式为核心,注重学生学习历史知识的过程,注重对学生学习能力的培养,在教学过程中加强对学生学习方法的指导,使学生学会学习。

## 一、 构建"体验课堂",提升学科课程品质

建构主义认为,学习过程实际上是认知意义的建构过程。认知意义的构建意味着学生在认识和理解事物的过程中,以自己的原有知识经验为基础,借助情景体验来认知意义。"体验课堂"通过构建生活化的历史课堂、情景体验式教学法的运用等,引导学生以历史当事人的身份走进历史,与历史对话,去体验、感悟历史的真谛。

1. "体验课堂"是生活化的。从现实生活中选取贴近学生兴趣的历史素材,或者从历史中选取生活化的材料,搭建历史与现实之间的体验平台,从而强化学生学习历史的兴趣,活跃课堂气氛,进一步激发学生的探究欲望。

2. "体验课堂"是情景化的。在教学过程中,创设一定的历史情景,重现历史,使学生在身临其境、心感其情的状态中达到主动学习历史的目的。通过将历史人物的成长故事化、材料文献的产生情节化、运用各种教学手段再现历史情景等方法,使历史课"活"起来。

3. "体验课堂"是参与化的。引导学生在学习过程中通过主动探索、发现和体验,学会探究问题、思考问题和解决问题,从而增进思考力和创造力,培养学生主动学习、积极参与的能力。通过问题化预习、小组合作和课堂大讨论等形式,使学生主动参与课堂,不断丰富学习经历,提高学习能力,提升思维品质。

## 二、 建设"体验课程",丰富学科课程内涵

"体验课程"是指通过创造实际的或者重复经历的情景和机会,结合学生的认知特

点和规律，呈现或再现、还原教学内容，使学生在亲历的过程中理解并建构知识、拓展能力、产生情感、生产意义的教学观和教学形式。

1. 联系生活。引导学生发掘生活中的历史资源，让历史课程贴近学生生活、贴近学生兴趣。如通过"我家的小收藏"、寻找身边的历史、参与学校传统节日活动等活动，细细寻找生活与历史的共鸣音，挖掘蕴藏在生活中的历史，使其变成有效的教育资源。

2. 开发资源。多方面开发和利用校内外历史课程资源，充分利用图书馆资源、乡土社区资源、博物馆和档案馆资源，通过参观历史古迹、寻访历史文化名人等，使学生增强直观的历史感受，亲身体验历史人文学科的丰富内涵。

3. 巧设活动。通过开展丰富多彩的体验活动，如开展小报制作、思维导图制作、组织辩论会、举行历史故事会和课本剧表演等，让学生充分施展才能，提高实践能力。与校内外其他教育活动相结合，相互促进，实现综合教育效益。

## 三、 创设"体验社团"，发展学科课程兴趣

"体验社团"是课堂的延伸与拓展，课堂的重要补充。"体验社团"旨在激发学生探究历史的兴趣，培养正确的历史观念，帮助学生开阔视野，充实文化底蕴，提高综合素质。

1. 历史故事会社团。结合教材中的重要历史事件和历史人物，搜集资料，基于史实，合理想象，编成故事，举行历史故事会。故事的中心可以历史事件为主，穿插人物活动。既交代历史事件的基本过程，又能使事件和人物生动具体，有血有肉。

2. 历史课外阅读社团。每月确定阅读主题，如秦汉史、民国史、世界近代史、历史名人等，利用学校图书馆资源，引导学生查阅探究。在阅读基础上，制作读书卡片，举行读书分享会，评选读书小明星。

3. 历史影视欣赏社团。观看制作精良、积极健康的历史电影和历史纪录片，在光影中直观认识历史，情感上产生共鸣。观看之前，教师向学生介绍历史电影、历史纪录片所涉及历史事件的时代背景、主要内容与其所反映的历史基本史实，并提出问题让

学生思考。观看之后，讨论分享观影所得，并指出影片中与史实不符之处，避免学生将虚拟与历史真相混淆，提高观看效果。

### 四、 激活"体验之旅"，拓展学科课程视野

根据教学目标、教学内容的特点，考虑到学生的实际情况，积极探索多元教学途径，组织丰富多彩又贴近学生生活的课内外教学活动，激活"体验之旅"，拓展学科课程视野。

1. 参观历史博物馆。参观上海博物馆、奉贤博物馆，将历史课延伸至博物馆。通过参观、探索、研究，学生将自己喜欢的"国宝"用仿制、视频、图文小报等方式呈现出来。

2. 参观历史档案馆。通过参观奉贤区档案馆，回望家乡的历史变迁，了解家乡的前世今生，认识家乡，热爱家乡，从而培养崇高的爱国情怀。

3. 社会小调查。通过进行历史方面的社会调查，考察历史遗址和遗迹，采访历史见证人等，尝试体验探究历史问题的过程，在实践中发现问题，并运用已学的历史知识、技能和方法去解决问题，提高实践能力，拓宽学科视野。

### 五、 搭建"体验平台"，展示学科课程魅力

体验成功是每个学生的共同愿望，也是激励学生走向另一个成功的良方。学生缺乏的并非是历史知识，而是展示自身素养的舞台。为此我们创设"历史学科周"，为学生搭建自我表现、自我展示、自我塑造的平台，营造浓厚的历史学习氛围，让处于不同水平、不同层次的学生都可能崭露头角，体验成功的喜悦。

1."历史小讲坛"。历史小讲坛不再只关注知识传递，而更关注学生的学习兴趣、学习方式和学习效果。引导学生参与教学过程，通过小组合作的形式进行收集资料、课堂模拟等前期准备，让学生主动参与，积极探求，体验历史过程。最终将学习成果在

"历史小讲坛"上呈现,增强学生的自信心和自豪感。

2. "历史剧场"。在七、八年级学生中招募对历史知识和表演感兴趣的学生 20 名,配备指导老师两位,一位进行历史学科知识指导,另一位进行舞台表演指导。在征询全体学生意见的基础上,选取具有典型意义的历史人物和历史事件,进行剧本创作、剧场彩排,成果以表演的形式呈现。

3. "历史海报展"。围绕某一历史时期的时代特征,开展海报设计大赛。通过艺术的呈现方式让历史学习变得更加活泼、更受学生欢迎。通过阅读、思考和创作体验,加深了学生在特定历史时空下对历史人物、历史事件和历史现象的理解,提升了学生在历史情境中辨析历史的能力。海报设计大赛中获奖的作品,在"历史海报展"中进行展出,让学生收获成果的喜悦,收获学习的快乐。

总之,本课程遵循历史发展逻辑,体现学科知识和方法体系,关注学生学习兴趣、需求,以学生为本。通过整合学科课程和活动课程的优势,变革传统学科课程教与学的形式,让学生置身于具体的情景之中,运用所学知识与方法发现问题、思考问题、解决问题,在体验中感悟历史,养成适应社会及未来所需要的学科素养。

（撰稿人：方　丹　高　怡）

**第十章**

## 自主体育： 让运动成为一种生活方式

　　让运动成为一种生活方式，是"自主体育"不懈努力和追求的目标。"自主体育"是参与的，从兴趣培养出发，使得学生对运动充满渴望；"自主体育"是健康的，健体又健心，让健康根植在学生的内心深处；"自主体育"是快乐的，宽松又和谐，让愉悦充盈着学生的心扉；"自主体育"是成长的，学会学习促发展，感受运动的魅力。"自主体育"的愿景就是要快乐积极地运动，让运动陪伴孩子们健康成长。

上海市奉贤区阳光外国语学校体育教研组现有专职教师 14 人,均为本科及以上学历,其中党员教师 6 人,高级教师 2 人,一级教师 8 人,二级教师 4 人,区名教师 1 人,区优秀骨干教师 1 人。教师个人专业能力突出,教师的主修项目有田径、篮球、排球、足球、武术、体操、健美操 7 个大项。基本覆盖中小学体育教学内容里的所有运动项目。组内教师都具有 15 年以上教龄的教学经验,每位教师都非常注重课堂教学的研究,教育教学风格富有特色,成绩显著,多人多次获得奉贤区中青年教师教学比武一、二、三等奖;在教科研方面也有多个课题的实践研究,取得了一定的成效。

本次研究我们依据《义务教育体育与健康课程标准(2011 年版)》,站在为本学科课程发展的高度和切实提高学生核心素养的目标下,强调自主健身,促进学生的持续发展。通过基于课标、活化学练和动感培育的自主课堂及自主运动,提升学生的活动能力,实现快乐运动、健康生活之课程建设目标。

## 第一节　感受自主运动的魅力

### 一、 学科性质观和价值观

《义务教育体育与健康课程标准(2011 年版)》指出:体育与健康课程是学校课程的重要组成部分。本课程是一门以身体练习为主要手段,以学习体育与健康知识、技能和方法为主要内容,以增进学生健康,培养学生终身体育意识和能力为主要目标的课程。[①]

通过本课程的学习,一是帮助提高学生对身体和健康的认识,从而科学地去锻炼

---

① 中华人民共和国教育部. 义务教育体育与健康课程标准(2011 年版)[S]. 北京：北京师范大学出版社,2011.

身体,增进身体健康;二是引导学生正确面对挫折和克服困难,增强自尊心和自信心,培养创新精神和创新能力,形成积极向上、乐观开朗的生活态度,提高学生的身心健康水平;三是增强提高学生的社会适应能力,理解和建立起对自我、群体和社会的责任感,形成现代社会所必需的合作与竞争意识;四是能让学生掌握体育与健康的基本知识和运动技能,学会学习体育的基本方法,形成终身锻炼的意识和习惯。

那么,为了实现学生全面发展的美好愿景,我们体育组提出《自主体育:让运动成为孩子们的生活方式》课程,旨在培养学生的运动兴趣和爱好,通过丰富多样的方法手段来提高学生的自主健身能力,最终让孩子们的身体素质不断得以提高,并感受自主体育的魅力,养成终身体育运动的习惯。

## 二、 学科课程理念

基于上述观点,我们提出"自主体育"的学科课程理念,让每一个孩子都能在"自主体育"意识的引领下,主动快乐地去锻炼、提高身体素质、不断提升自我的体育素养,让运动成为自己的生活方式。

### (一)"自主体育"是参与的体育

"自主体育"遵循学生身心发展的基本规律,从学生的兴趣和爱好着手,对学习内容进行生活资源、情趣资源的挖掘,采用多种教学形式和有效的教学方法来充分调动孩子们的学练积极性;课堂中注重教学策略的优化和教学艺术的运用,从发挥学生能动作用和满足学生不同需求着手,帮助学生找到适合自己的学练方式,从而主动、自主地参与到课堂学习中。

### (二)"自主体育"是快乐的体育

"自主体育"在体育教学过程中注重学生的主体地位,激发和维持学生学习的兴趣与动机,构建一个自主、和谐的良好学习环境,使教师乐于教、学生乐于学,使全体学生在融洽、快乐的氛围中身心得到发展，让学生充分体验运动的快乐，从而让学生在今后的学习过程中不断提高信心、快乐运动。

### (三)"自主体育"是健康的体育

"自主体育"以学生发展为本，面向全体学生，尊重学生的主体地位和个性差异，为每位学生提供同等的学习机会，既要健体，也要健心，使学生在生理、心理和社会交往等方面得到协调、健康发展，并注重纵向评价和综合评价，切实提高体育健身的实效性，以适应现实社会和未来发展的需要。

### (四)"自主体育"是成长的体育

"自主体育"着眼于引导学生学会学习，让每一位学生都能从体育与健康课程的学习中受益，强调在教学中探寻兴趣化的教学方法和手段，体现自主、合作和探究学习，引导学生选择适合自己的健身方法，鼓励学生独立开展健身活动和合作交流，正确评价体育健身行为和效果，形成体育锻炼习惯、爱好和特长，促进学生不断进步和成长。

总之，"自主体育"的提出和愿景就是要引导学生坚持自主地进行体育锻炼，要把体育作为自己日常生活的一部分，使体育成为自己的生活需要，使体育锻炼成为他们身心健康发展的生活方式。

## 第二节　让运动成为生活的方式

义务教育体育与健康课程遵照"健康第一"指导思想，强调实践性特征，突出学生的学习主体地位，注重激发学生的运动兴趣，引导学生掌握体育与健康基础知识、基本技能和方法，增强学生的体能，培养学生坚强的意志品质、合作精神和交往能力等，为学生终身参加体育锻炼奠定基础，促进学生身心健康全面发展，让运动成为生活的方式。

## 一、学科课程总目标

《义务教育体育与健康课程标准(2011 年版)》指出：体育与健康课程对于实施素质教育，培养学生的爱国主义、集体主义精神，促进学生德、智、体、美全面发展具有重要意义。通过课程的学习，学生将掌握体育与健康的基础知识、基本技能与方法，增强体能；学会学习和锻炼，发展体育与健康和创新能力；体验运动的乐趣和成功，养成体育锻炼的习惯；发展良好的心理品质、合作与交往能力；提高自觉维护健康的意识，基本形成健康的生活方式和积极进取、乐观开朗的人生态度。

根据学科课程标准，结合我校《自主体育：让运动成为孩子们的生活方式》课程方案的目标，以学生为主体为教育理念，挖掘学生的兴趣和爱好，尊重个体差异，培养学生的自主选择和主动学习的能力，特制定以下具体目标。

### (一) 主动参与,促进身体发展

深挖教材的情趣资源，建构自主体育学习的方式，更好地激发学生的学练兴趣，从而为发展力量、速度、灵敏、柔韧和协调等体能素质，促进身体的健康作动能助力。让学生养成正确的身体姿势，促进身体正常生长发育；关注身体和健康的意识，懂得营养、环境和不良行为对身体健康的影响，养成健康的生活方式。

### (二) 学会学习,提高知识技能

重视培养学生的自主学习的能力，有助于学生体育知识的拓展及方法技能的理解、掌握和运用，从感性上升到理性、从抽象上升到直观。学生能形成终身锻炼的意识和习惯，并能根据自己的兴趣爱好和不同需求，选择自己喜爱的方法安全地进行活动；提高运动欣赏的能力，形成积极的余暇生活方式和获得野外活动基本技能。

## （三）勇于求实，提促心理发展

在自主体育课程的实施中，要更加注重、突出心理素养在学科课程推进中的地位和作用，从而更好地服务于教学任务的完成，使得学生更加积极参与健身活动，并在和谐、平等、友爱的运动环境中感受到集体的温暖和情感的愉悦；在活动中乐于、敢于展示自我；在挫折和克服困难的过程中，提高抗挫折能力和情绪调节能力，形成积极向上、乐观开朗的生活态度。

## （四）合作交往增强社会适应

在自主学练的基础上，不断渗透合作学习和公平竞争的元素，使得学生在多变的自然和人文环境中，能够体现出身体、心理和人际交往等方面的调适能力，也使得社会适应教育价值在学科课程中充分得以体现。学生能建立起对自我、群体和社会的责任感，形成和谐的人际关系；学会尊重和关心他人、学会合作交往学习，具有集体意识和荣誉感；逐步形成在不同环境中进行锻炼的适应能力。

## 二、学科课程年段目标

根据《义务教育体育与健康课程标准（2011 年版）》的要求，再结合我校体育学科课程总目标和 1—8 年级的学情，我们设计体育课程年段目标。在此，我们以三年级为例（见表 10 - 1）：

表 10 - 1　"自主体育"课程目标表

| 学期目标 / 年级段 | 上学期目标 | 下学期目标 |
|---|---|---|
| 三年级 | 第一单元：跑<br>共同目标：<br>1. 学会站立式起跑和加速跑的动作技术。 | 第一单元：跑<br>共同目标：<br>1. 学习自然地形跑和定向越野跑的方法和规则。 |

| 学期<br>目标<br>年级段 | 上学期目标 | 下学期目标 |
|---|---|---|
| | 2. 学会50米快速跑的动作方法。<br>3. 形成较为正确的跑步姿势。<br>校本目标：树立超越自我、赶超他人的自信和勇气。<br>**第二单元：跳跃**<br>共同目标：<br>1. 学会单脚跳和双脚跳的动作要领。<br>2. 学会正面助跑屈腿跳高的动作要领。<br>3. 增强下肢力量和提高身体协调性。<br>校本目标：理解单腿跳的意义，并能把运动与生活结合。<br>**第三单元：投掷**<br>共同目标：<br>1. 学会多种投掷小皮球（各种轻物）的方法。<br>2. 提高投掷能力，增强上肢力量和身体协调性。<br>校本目标：了解在物体自由飞行时，飞行距离和飞行初速度、飞行时间的关系。<br>**第四单元：攀爬与悬支**<br>共同目标：<br>1. 学会手脚并用的攀爬技能。<br>2. 学会各种支撑锻炼动作。<br>3. 增强上下肢力量，提高身体的灵巧性和协调性。<br>校本目标：勇于克服攀爬高处的心理恐惧。<br>**第五单元：滚翻**<br>共同目标：<br>1. 学会前滚翻分腿起和后滚翻。<br>2. 尝试在不同场景中完成滚翻练习。<br>3. 提高灵敏、协调等能力。<br>校本目标：能把滚翻运用于综合游戏活动中。<br>**第六单元：韵律**<br>共同目标：<br>1. 学习《碰碰操》和《欢乐操》。 | 2. 形成较为正确的跑步姿势，提高自然奔跑的能力，提高速度和耐力素质。<br>校本目标：培养学生的方向感和空间想象力。<br>**第二单元：跳跃**<br>共同目标：<br>1. 学会助跑，一脚踏在50厘米宽的起跳区起跳，双脚落入沙坑的技术要领。<br>2. 学会跳上成跪撑接跪跳下的技术要领。<br>3. 增强下肢力量，提高弹跳力和灵敏、协调素质。<br>校本目标：在助跑中，学会通过数步数掌握好助跑节奏。<br>**第三单元：投掷**<br>共同目标：<br>1. 尝试实心球的各种抛掷动作。<br>2. 提高投掷能力，增强上肢力量和身体协调性。<br>校本目标：了解实心球投掷时，身体协调发力的重要性，爆发力就是为了让实心球具有更快的初速度。<br>**第四单元：攀爬与悬支**<br>共同目标：<br>1. 学习爬越各种障碍物。<br>2. 学会爬墙手倒立和各种姿势的悬垂。<br>3. 增强上下肢力量，提高身体的灵巧性和协调性。<br>校本目标：在倒立和悬垂时，培养坚韧的毅力，不断挑战自己。<br>**第五单元：滚翻**<br>共同目标：<br>1. 继续学习前滚翻和后滚翻，巩固提高动作水平。<br>2. 学习前滚翻交叉转体180度接后滚翻动作。<br>3. 提高身体灵敏和协调素质。<br>校本目标：不断地练习，做到熟能生巧。<br>**第六单元：韵律**<br>共同目标：<br>1. 学习集体舞《让我们来跳舞吧》（一）。 |

续表

| 学期目标 年级段 | 上学期目标 | 下学期目标 |
|---|---|---|
| | 2. 提高身体的节奏感,培养表现力。<br>校本目标:敢于展现自我。<br>**第七单元:武术**<br>共同目标:<br>1. 学习武术基本功。<br>2. 提高武术文化修养,在强身健体的同时促进学生对中华传统文化的认识与了解,提升爱国情感。<br>校本目标:弘扬民族文化,培养爱国情怀。<br>**第八单元:队列队形**<br>共同目标:<br>1. 复习三面转法。<br>2. 复习解散和集合各种列队方法。<br>3. 培养学生纪律意识,集体意识。<br>校本目标:培养集体荣誉感和责任意识。<br>**第九单元:民体与球类**<br>共同目标:<br>1. 学习跳短绳(单脚轮换跳)<br>2. 学习踢毽子、拍毽子、滚铁环等民体。<br>3. 学习小篮球、小足球和小排球。<br>4. 培养学生对体育运动的兴趣。<br>校本目标:积极参与,玩出水平。 | 2. 提高身体节奏感,培养同学间的相互协作的能力和表现力。<br>校本目标:能够做到相互帮助、相互迁就。<br>**第七单元:武术**<br>共同目标:<br>1. 学习武术动作组合。<br>2. 提高武术文化修养,在强身健体的同时促进学生对中华传统文化的认识与了解,提升爱国情感。<br>校本目标:弘扬民族文化,培养爱国情怀。<br>**第八单元:队列队形**<br>共同目标:<br>1. 学习跑步走——立定的动作和口令要求。<br>2. 学习一路纵队变二路纵队的动作和口令要求。<br>3. 培养学生的纪律意识,集体意识。<br>校本目标:培养集体荣誉感和责任意识。<br>**第九单元:民体与球类**<br>共同目标:<br>1. 学习跳长绳(8 字跳长绳)。<br>2. 学习踢毽子、拍毽子、滚铁环等民体。<br>3. 学习小篮球和小足球、小排球。<br>4. 培养学生对体育运动的兴趣。<br>校本目标:积极参与,玩出水平。 |

## 第三节　设计丰富多彩的体育活动

　　为实现上述目标,依据《义务教育体育与健康课程标准(2011 年版)》的精神和要求,结合我校课程《自主体育:让运动成为孩子们的生活方式》之研究,在 1—8 年级围绕课标内容精心设计学科课程结构、课程设置和安排课程内容,设计丰富多彩的体育活动。

## 一、学科课程结构

《义务教育体育与健康课程标准(2011年版)》的课程内容有运动参与、运动技能、身体健康、心理健康和社会适应四块。为了更好地实现课程目标,我校的"自主体育"课程设置为"快乐运动吧""比拼技能秀""锻炼健康行""团结合作园"四大类别(见图 10-1)。

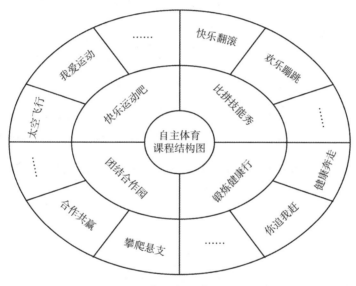

**图 10-1　"自主体育"课程结构图**

1. 快乐运动吧:选择或自制多种投掷器械(如:纸飞机、海绵球、小沙包、垒球、实心球等),采用单手、双手,向前、向后、向上、向下等方向的抛掷方法,并通过个体、同伴、小组的练习以及综合类的投掷游戏,发展学生的手臂力量、提高学生的投掷能力,充分激发学生参与活动的积极性、培养运动兴趣、体验活动的乐趣,逐步形成体育锻炼的意识和习惯。

2. 比拼技能秀:根据不同年级学生的学习能力,创设多种生动活泼的练习场景,以童趣的学练形式进行各种基本的滚翻、跳跃练习和综合类的练习,由易到难、循序渐讲,提高运动技能和运动能力。在学练动作时,不但要知其然,还要知其所以然,结合生活实践学习,能运用于生活。大胆地表现自我,秀出自己的风采,提高安全防范意识和防范能力。

3. 锻炼健康行：体验感悟各种姿势的自然走和跑走交替等方法,培养正确的身体姿势,塑造良好的体型。采用不同距离、时间、速度跑和综合类练习,通过分层、自主、合作等多种学习方式,提高运动能力,增强心肺功能、增进身体的健康。通过各种活动,掌握一些保健知识和科学锻炼的方法,懂得健身的价值,提高适应自然环境的能力,基本形成健康生活的方式。

4. 团结合作园：设计贴近学生认知水平和生活的场景、营造团结合作的乐园;引导学生进行各种攀爬、支撑的练习,激发学生的兴趣;懂得控制情绪,享受合作、公平竞争的快乐;通过多种形式的攀爬和悬垂练习,克服对一些运动的恐惧心理,提高学生对悬垂练习的积极性;采用脚搁高处和单双杠上的动作及倒立等多种形式的练习,培养自信、坚强意志和不怕困难、敢于面对挫折的良好品质及具有良好的体育道德。

## 二、 学科课程设置

根据课程结构中的四大类别,依据学生的年龄特点及教材的纵向发展,我们做到教学循序渐进、资源挖掘情趣、难度系数递进来设置不同的课程主题,以设计丰富多彩的体育活动。具体课程设置如下(见表 10-2):

表 10-2　体育课程设置表

| 年级 \ 学期 \ 课程类别 | | 快乐运动吧 | 比拼技能秀 | 锻炼健康行 | 团结合作园 |
|---|---|---|---|---|---|
| 一 | 上 | 抛抛乐园 | 功夫熊猫学本领 | 模仿我最行 | 动物爬爬乐 |
| | 下 | 创意飞越 | COPY 不走样 | 奔走乐园 | 翻山越岭 |

续表

| 课程类别<br>年级　学期 | | 快乐运动吧 | 比拼技能秀 | 锻炼健康行 | 团结合作园 |
|---|---|---|---|---|---|
| 二 | 上 | 小战士学本领 | 小战狼 | 龟兔赛跑 | 穿越火线 |
| | 下 | 抛接我能行 | 武林大会 | 小飞人运动会 | 翻山越岭（二） |
| 三 | 上 | 可爱小皮球 | 欢乐蹦蹦跳 | 风驰电掣（一） | 调皮小猴子（一） |
| | 下 | 实在实心球（一） | 前滚后翻（一） | 自然奔走 | 调皮小猴子（二） |
| 四 | 上 | 实在实心球（二） | 奔越海拔线 | 风驰电掣（二） | 翻山越岭（一） |
| | 下 | 飞吧小牟球（一） | 前滚后翻（二） | 乘风破浪 | 悬空技场（一） |
| 五 | 上 | 实在实心球（三） | 敏似山羊 | 风驰电掣（三） | 翻山越岭（二） |
| | 下 | 飞吧小牟球（二） | 滚翻组合 | 使命必达 | 悬空技场（二） |
| 六 | 上 | 彩虹线条（一） | 蹲踞式跳远 | 耐力跑 | 玩转单杠 |
| | 下 | 彩虹线条（二） | 垫上"技艺" | 自由飞奔 | 悬垂摆动 |
| 七 | 上 | 原地侧向推实心球（一） | 跨越式跳高 | 耐力跑 | 杠上"杂技" |
| | 下 | 原地侧向推实心球（二） | 滚翻组合秀 | 你追我赶 | 杠上"芭蕾" |
| 八 | 上 | 球来球往（一） | 飞跃地平线 | 耐力跑 | 摆越单杠 |
| | 下 | 球来球往（二） | 鲤鱼跳龙门 | 高铁驰骋 | 玩转双杠 |

## 第四节　拓宽自主运动的渠道

　　《义务教育体育与健康课程标准（2011 年版）》指出：体育课程的教学质量和效果主要体现在学生体育与健康知识的掌握、运动技能的习惯、体能的增强和学习行为的变化等方面。教师要认真研究学习目标、教学内容、教学方法、学习评价等问题，保证教学的有效实施，不断提高教学质量。所以我们"自主体育"课程的实施，既要考虑体能和能力的提高，又要考虑课内和课外习得后的拓展，还要考虑自主学习和合作学习的有机融合与提升，另外还要考虑课程内容的丰富性和创新性、方法手段的有效性与趣味性，为实现"自主体育：让运动成为孩子们的生活方式"，我们积极为孩子们搭建平台，拓宽自主运动的渠道。

## 一、 建构"自主课堂"，提升课程品质

在 2010 年上海市教委教研室正式启动了"学科核心素养"的研究，逐步形成了由"运动认知""健身实践""社会适应"三个方面的"自主体育"核心素养。所以，当前随着教育新课改的不断深入，以构建"自主课堂"来提升课程品质日益成为课程发展的潮流。

### （一）转变观念注重课的设计

教师要转变观念，注重备课和教学环节的设计，努力构建新型的教学方式和学习方式，力求创设有利环境，将课堂教学目标和各个年龄段学生发展规律相结合，营造自主学习环境和建立平等的、民主的师生关系，充分发挥学生的主体作用。让课堂成为学生自主、主动、积极思考、师生互动、生生互动与和谐发展的课堂。

### （二）提供充分的自主学练时空

自主学习的课堂，教师应该成为学生发展的促进者、指导者和体育活动的参与者。为此，要在课堂教学中给学生提供充分的自主学习的时间和空间。在教师言简意赅的引导下，学生自主地去运动、实践、思考、总结，发现问题、解决问题，最终获得体育知识与技能。在探索前进的过程中，促进个性的发展并养成终身体育意识。

### （三）建立有效的自主学习的方法

要想追求高效的"自主课堂"，那么，教学时必须要摒弃传统的刻板、单一的教学方

法,打破传统体育教学中教师主导、学生被动接受的局面。发挥学生主体作用,教给其有效的学习方法,或提示引导、或讨论得出、或实践感悟等等,使学生从"感性"到"理性",进而过渡到"会学";另外,在各环节都要注意学生自主学习、自主活动的质量,实现真正意义上的学习自主。

## 二、 建设"自主课程",丰富课程内容

在创造性地实施完成国家课程的同时,作为教研组、作为教师的我们,应该因地制宜地开发校本课程、丰富课程内容,为学生自主选择个性课程提供保障和便利。我们着手建设阳光"自主体育"课程,培养学生自主学习的能力,从挖掘学生兴趣爱好出发,尊重个体差异,培养学生自主选择和主动学习的能力。

### (一) 与相关学科合理统整开发课程

教师要跳出学科来教学,促进学生在每个学习活动中都受到综合教育的可能,教师在教学中能够整合其他学科的教育资源,变单科教学内容为综合教学内容,将知识内容与生活内容融合,促进学生的全面发展与个性发展。如:在低年级的体育教学中,我们与音乐美术统整,开发欢乐舞动(儿歌、集体舞、广场舞)和彩画人生(运动项目简笔画)等课程;在中学部开展一些与历史(信息为伴)和数理(健体益智)相关的充分发挥自主学习的课程,激发学生的学练积极性,让学生不但知其然,而且知其所以然,创造性地完成教学任务,发展学生的思维。

### (二) 坚持安排"课课练"自主课程

当前,随着课程改革的不断深入,我们的体育课在完成基本内容的学练后,在课的第二部分开始渗透和尝试素质练习,为发展学生身体素质奠定一个坚实的基础。如我们开展的"课课练"课程在保证完成教学任务的同时,在课堂的最后 5 分钟,安排学生自主锻炼的时间,内容可以是指定的,也可以是学生自己需要的,做到真正给予学生自

我练习的时间和空间，让学生更好地进行提高和补差，还可以让学生进行创造性的自主锻炼活动。

### （三）开展小组式主题探究课程

"小组式主题探究课程"一般每周保证安排半课时的主题体育活动，如"阳光伙伴跑""集体跳长绳""集体搬运""蜈蚣爬"等以小组为单位的自主学练主题活动。发挥集体的智慧，通过自主学练、合作探究总结技能方法，完成学练任务，充分体现学生的主体地位，培养学生的组织、合作与人际交往能力，使得他们健康成长。

## 三、创设"自主社团"，激发运动热情

为进一步推进"自主体育"课程的实施，促进学生多元成长、个性发展的目标，我们在校园里建设健康、文明、丰富多样的"自主社团"。社团活动规模大小不一，活动时间不定，形式自由、灵活多样。教师要积极引导学生利用课余时间踊跃开展各种自主的体育小组和社团活动，创新体育运动的新模式，培养学生的兴趣爱好、增长知识、提高运动技能，促进学生的全面发展。

### （一）建设和完善校级运动队

我校是一所九年制的学校，体育师资也比较强大，体育运动上更是区、市级的体育特色学校，因此，我们在对校级运动团队的建设管理和提升上常抓不懈。其中射箭队、田径队、篮球队、足球队、排球队、羽毛球队还有健美操队都属于成熟性运动团队，各运动队每周都保持3次以上的训练次数，特别是射箭队和田径队作为学校的两大特色运动队，周末和寒暑假里还会安排集训。

### （二）组建小学部游戏社团

孩子是祖国的未来，在确保他们接受文化学习的同时，我们更重视他们的身心发

展,保证他们的午休、课间休息和适量的活动时间。在小学部我们根据学生的年龄特点、兴趣爱好,建设 N 个"游戏社团"活动,譬如:弄堂游戏、智慧游戏、齐心协力的团队游戏等。在课间,我们加强引导、管理,教育学生在玩中得乐、在玩中明理、在玩中懂情;同时建议游戏社团活动运动强度不能太大,注意学生安全。

### (三) 创建新兴体育项目社团

所谓的新兴体育项目是指在国际上比较流行,国内开展不久或国内新创的,深受青少年喜爱并适合在学校开展的运动项目,如攀岩、轮滑、定向运动与野外生存、素质拓展、散打、跆拳道等。相对于传统运动项目来说,这类运动项目能更好地激发学生的运动热情和对较高难度技能的挑战与渴望。目前,这类新兴项目在校园较少出现,而我校体育设施齐全,学校先行开设相关课程,在区域范围内具有领先的优势。

## 四、 激活"自主体育节",浓郁体育文化

我校每学年秋季都会召开田径运动会,在春节学期设一个月的"体育节"活动。这激活了学生的自主运动细胞,浓郁了校园的体育文化,深受孩子们的喜爱,特别是"体育节"更成为学生们的节日,为学生的校园生活添砖加瓦,可以说是热闹非凡。每学期开设这种活动也是为了培养学生自觉参加体育锻炼的习惯,达到我的体育我做主的目的。

"自主体育节"中,活动项目的选择更要符合学生的自主需求,项目既要体现竞技性又要体现大众性、娱乐性。让更多的学生能从中看到自己的长处,看到自己在运动场上为班级的荣誉和自我价值的实现而拼搏,产生积极的内驱力,关注、参与运动,最终喜欢上运动。为了更好地发展学生的自主运动能力,体育节中我们开展了诸多活动,如班级板报、"体育节"报道展、体育知识竞赛、体育主题演讲比赛、体育图片展等。

为了让每位学生都能根据自己的特长参与到体育节的活动中去,我们在项目内容上还可以进行一定的改变。

1. 保留原来就深受学生喜欢的、参与性强的项目,如穿梭接力、足球比赛等。

2. 增设趣味项目,这对身体素质要求相对比较低,可以让更多学生参与其中,同时又需要配合、必须花时间练习,如多人绑腿跑、双人花样跳绳、多人踢毽等。

3. 安排亲子活动项目,这不仅可以提高体育节的趣味性,同时又可以促进学生与家长之间感情的交流,促使体育活动向家庭延伸,一起帮助学生建立健康的生活习惯,真正做到让运动成为孩子们的生活方式。

## 五、 做好"自主大课间",发展学生个性

大课间活动是学校体育活动的一种重要形式,是促进学生全面发展的重要手段,更是学校教育的靓丽风景线。大课间活动保证了学生每天一小时的体育锻炼时间,充分使学生玩起来、动起来,激发学生的运动兴趣,培养学生锻炼习惯,锤炼学生勇敢顽强、坚忍不拔的意志品格,促进学生在身体、心理和社会适应能力等方面健康和谐发展。大课间体育活动是学生终身体育一个不可忽视的起点,是发展学生个性的契机,也是奠定终身体育基础的重要时期。

我校在周二到周五的下午第三节课和第四节课之间安排了 30 分钟的大课间活动。在内容的选择上我们会灵活变动,或根据季节变化、或根据年级组之间变化等。内容上小学部以跳皮筋、体育小游戏、学校自编操、单人跳绳、绳操、趣味游戏等为主;中学部以身体素质活动、武术操、球类活动、特色活动和自主活动等为主;另外,有特长的学生可以根据自己的特长爱好进行跨年级跨项目的自主选择练习。

真正做好"自主大课间"活动,我们还要多方面的配合努力:

1. 领导负责制:可以由校长亲自挂帅,主要领导也到操场参与活动,提高全校师生对大课间的重视程度。

2. 班主任负责制:①认真组织本班学生按时出操;②亲自实践,以身作则、潜移默化地引导学生主动、积极参与活动;③协助体育教师一起指导大课间活动,并对出操不认真、违纪的学生及时批评教育,进行正确引导和激励。

3. 体育教师负责制：①负责大课间活动的内容的安排,乐曲的选择;②负责班级的进出场以及活动场地;③指挥课间活动的全过程,安排大队部的学生进行检查评比;④把大课间活动评比作为条件之一列入五好班级的考核;⑤要有强烈的改革意识,对活动内容、组织形式、运动负荷等做到"以不变应万变,万变不离其宗"。

总之,本课程方案的实施需要我们在实践过程中不断地总结经验教训,及时修正改进。在整个实施过程中要把握好"自主体育"的方向、转变观念,努力加强学生自主学习的意识、积极构建自主学习的环境和注重培养学生的自主学习能力,为学生的终身体育奠定基础,让运动真正地成为他们的生活方式。

（撰稿人：张卫兵　刘　扬　张辉一）

# 第十一章

享受课堂：引导孩子们享受编程的乐趣

　　"享受课堂"旨在让学生在学习编程语言的过程中享受到乐趣。"享受课堂"是趣味的，其图形化界面、平民化语言能帮助学生理解每条指令的意义；"享受课堂"是丰富的，其动作指令、控制语句、传感响应、数值运算、线程调度等，涉及程序设计的多个方面；"享受课堂"是广泛的，同时具有 Flash 的动画功能、传感和多种响应；"享受课堂"是交流的，学生能在和同学的交流中完成作品。

上海市奉贤区阳光外国语学校有 2 位小学信息技术教师，教龄都在 15 年以上。随着经济全球化深入发展，信息网络技术突飞猛进，学生成长环境发生深刻变化。"了解程序设计的基本思想，培养逻辑思维能力"是信息技术课程新的学习领域。我们依据《教育部关于全面深化课程改革，落实立德树人根本任务的意见》《义务教育阶段信息技术课程标准（简称新课标）》和《上海市中小学信息科技课程标准（试行稿）》，推进我校小学信息科技课程建设，取得了良好的成效。

## 第一节　享受信息技术课程的乐趣

### 一、 学科性质观和价值观

《义务教育阶段信息技术课程标准》中指出："中小学信息技术课程是为了适应技术迅猛发展的信息时代对人才培养提出的新要求而设置的必修课程，是以培养学生的信息素养和信息技术操作能力为主要目标，以操作性、实践性和探究性（创新性）为特征的指定学习领域。在国家规定的必修课程领域外，各省、市、自治区在保证最低要求的基础上，在课程内容、培养目标、课时安排等方面有一定的自主权。"①

根据以上要求，我校小学信息科技课程以兴趣为起点，要让学生在"玩中学""做中学"，以活动为载体，淡化学科体系，打破各操作软件之间的界限，以符合学生年龄特点和认知规律的实践任务为主线，将学生需要掌握的软件操作分散到不同的实践活动中，从而引导孩子们享受编程的乐趣。

我校小学信息科技课程鼓励以跨学科的活动为主题，鼓励学生将学到的信息技术技能应用到其他学科领域中，以此加深学生对信息技术在学科学习中的价值的理解，

---

① 中华人民共和国教育部. 义务教育信息技术课程标准[EB/OL]. 2018 - 10 - 21/2020 - 08 - 25.

推动信息技术与其他学科领域的整合,实现信息技术作为学习对象与学习工具的双重价值。

## 二、 学科课程理念

基于上述观点,我们提出"享受课堂"的学科课程理念,我们期望,每一个孩子经由"享受课堂"学习,享受到编程带来的乐趣。

(一)"享受课堂"是趣味的。本课程教授 Scratch 编程,就像它的名字一样富有童趣和生机,其可爱的小猫造型无形中拉近了与孩子的距离。同时其图形化的界面,平民化的语言能帮助学生理解每条指令的意义,学生只需用鼠标选择指令以搭积木方式"编写"程序,单击该程序就能在"舞台"看到结果,这种实验的架构方式提高了学生学习的积极性。除此以外,Scratch 自带素材库以及媒体导入功能为学生创作提供了便利。

(二)"享受课堂"是丰富的。本课程教授的 Scratch 看似是玩具但其实内涵丰富。八大类指令把程序设计所需的基本概念,如动作、控制、外观、侦测、声音、数字和逻辑运算等都包括在其中。从动作指令到控制语句,从传感响应到面向对象,从数值运算到线程调度,涉及了程序设计多个方面。在完成任务的过程中,孩子渗透了多种思维的培养。

(三)"享受课堂"是广泛的。本课程教授的 Scratch 程序同时具有 Flash 的动画功能,学生通过图形化编程的方式进行动画制作。除此以外,它还涵盖鼠标、键盘、声音、光感、温感等传感器以及角色响应、广播响应、键盘响应等多种响应,因此,在如此强大的功能平台上学生可以轻松制作各种交互类作品,如游戏制作、音乐创编、人工智能等。

(四)"享受课堂"是交流的。在本课程中,学生之间的交流贯穿课堂始终。课上通过研究和分析老师事先准备好的教学范例,如某个成语故事,先让学生独立思考并分析如何用 Scratch 实现自己的这个想法,在和同学的交流中,明确创作思路、实施途径、难点突破和最终完成作品。最后，学生展示和分享自己的作品，其他学生参与点评，并指出改进方向，最终推荐优秀作品发布到网站，供更多的人学习和欣赏。

总之，"享受课堂"是专为中小学生定制的图形化编程环境，在潜移默化中让学生感受编程趣味和拥有创新思维，享受编程带来的乐趣。

## 第二节　灵活编程表达创意想法

《义务教育阶段信息技术课程标准》中指出："为培养——发展学生积极学习和探究信息技术的兴趣，养成——巩固良好的信息意识和健康负责的信息技术使用习惯，形成——提高信息处理能力，培养——强化学生使用信息技术支持各种学习和解决各类问题的意识和能力。义务教育阶段信息技术教育强调，学生在实践活动中，体验借助计算机和网络获取、处理、表达信息并用以解决实际问题、开展学科学习的过程；活动中理解感知信息的重要性，分析信息编码以及利用计算机等常见信息处理工具处理信息的一般过程；积极参加信息技术活动，主动探究信息技术工作原理和信息科技的奥秘。"①

为了实现这一目标要求，着力发展学生的"信息意识、计算思维、数字化学习、信息责任"小学信息技术四大学科核心能力，我们提出如下小学信息技术学科课程目标。

### 一、学科课程总体目标

依据《义务教育阶段信息技术课程标准》，本课程的总目标是：以 Scratch 这款面向青少年的简易编程工具为基础，使学生体验算法思想，了解算法和程序设计在解决问题过程中的地位和作用，能从简单问题出发，设计解决问题的算法，并能初步使用一

---

① 中华人民共和国教育部. 义务教育信息技术课程标准［EB/OL］. 2018 - 10 - 21/2020 - 08 - 25.

种程序设计语言编制程序，实现算法解决问题。根据小学信息科技学科的学习内容以及我校"七维度"核心素养培育的要求，我们制定了以下具体目标。

1. 促进学生心智发展的目标

学生在小学阶段是长身体、长知识、长智慧的时期，其思维从具体形象思维逐步向抽象逻辑思维过渡，但抽象逻辑思维在很大的程度上仍以感性的经验为主，有很大的直观性。而 Scratch 以其图形化的编程为方式，为孩子的思维从具体走向抽象搭建了桥梁。同时学生在解决问题中充分地观察、理解、判断、想象、假设、推理，不断发展学生的心智。

2. 激发学生对数字文化创造的目标

"儿童数字文化"是指让学生去设计和创造属于他们自己的数字文化作品。Scratch 能将多种媒体融入其中，其系统自带图像创编功能，简单、有效地支持儿童的数字化表达。当建立 Scratch 项目后，学生能够选择、创造、管理多种媒体，包括文本、图片、动画以及音视频资料，以此来准确表达作品的主题思想。其次，学生通过指令搭建实现各角色的动作，并建立角色间的逻辑关系，以此来实现各种交互类、非线性的作品。它与其他数字文化创作工具（如 PPT、Flash）相比，更具交互性、便捷性和灵活性。因此，在 Scratch 平台上学生有足够的能力创作出属于自己的故事、动画、游戏等数字文化作品。

3. 锻炼学生逻辑思维能力的目标

培养学生的逻辑思维能力对他们今后的成长是相当有益的。目前在我国小学阶段课程设置中没有一门学科涉及这方面内容，而孩子们对以往的程序设计不感兴趣，但在 Scratch 中，可以将逻辑思维能力的训练融入具体的生活情景中，让孩子们在感性经验的支持下逐步向抽象的逻辑推理方面发展，从而形成一定的逻辑思维能力。

4. 培养学生解决问题能力的目标

培养学生解决问题的能力是新课程标准的总体目标之一，解决问题是培养学生应用能力的重要途径。当创建一个 Scratch 项目后，首先要根据项目要求进行系统规划，然后对各角色动作进行分析，提出解决方案，再通过尝试搭建逐步去实现。在这一过程中让学生经历提出问题、分析对象、尝试搭建、调试程序，最终解决问题的过程。并且 Scratch 脚本非常容易修改，学生在调试的过程中能方便地添加和删除指令并能立即看到结果，因此，学生在创作的过程中始终处于提出问题、分析问题和解决问题的动态过程中。

总之，我们将秉持小学信息技术课程的理念，围绕以上四个课程目标，发展学生的学科核心素养，培养拥有浓厚兴趣、保持学习动力、掌握常用软件或工具应用、勇于质疑敢于尝新的学生。

## 二、 学科课程年段目标

依据《义务教育阶段信息技术课程标准》，结合教材和教学参考资料，我们制定了以下三年级信息技术学科课程目标（见表 11-1）。

表 11-1　三年级信息技术学科课程目标表

| 年级段 ＼ 学期目标 | 上学期目标 | 下学期目标 |
|---|---|---|
| 三年级 | **第一单元**<br>共同要求：<br>1. 通过计算机基础知识的学习，培养学生学习计算机的兴趣。<br>2. 通过观察和自己动手实践，正确进行鼠标、键盘的基本操作，提高使用信息设备的胆量与勇于动手的能力。<br>3. 养成良好的规范操作意识和使用窗口资源管理器管理文件资料的意识，并能规范地使用各种机房设备，遵守机房守则。<br>校本要求：<br>1. 初步了解计算机程序设计的一些简单知识及编程的一些表现形式。<br>2. 建立对 Scratch 的感性认识，了解其在日常生活中的应用，培养学生对编程的兴趣和意识。<br>3. 知道应负责任地使用信息技术系统及软件，养成良好的计算机使用习惯和责任意识。 | **第四单元**<br>共同要求：<br>1. 通过技能的运用精巧的构思创新的设计以及信息的收集处理设计项目制作，以此培养学生收集处理运用信息的能力。<br>2. 通过项目制作、修改、交流、评价等一系列小组合作活动，让学生们进行公平、有效的自评与互评，体验到不断完善自我的乐趣，提高自身的合作交流与评价能力。<br>3. 在学习的过程中，学生体会与他人合作交流的重要性，感受信息科技学习的乐趣，培养学生学习信息的科技的兴趣。<br>校本要求：<br>1. 理解循环对程序的控制。 |

续表

| 学期目标<br>年级段 | 上学期目标 | 下学期目标 |
|---|---|---|
| | **第二单元**<br>共同要求：<br>1. 通过软件的学习，培养学生自学应用软件的能力。<br>2. 通过欣赏作品和听取他人观点，培养学生审美意识和评价能力。<br>3. 通过绘制各种几何图形，巩固数学课所要求的对图形的认识。<br>4. 通过实践活动，培养运用软件以及合作交流的能力。<br>5. 以教师引导和教授的方式实施小组合作学习与评价的学习，让学生初步了解小组合作学习方法评价方法，丰富学习内涵，为后继单元的深入学习做好铺垫。<br>校本要求：<br>1. 掌握启动、关闭、保存 Scratch 程序的方法。<br>2. 认识 Scratch 的工作界面，了解 Scratch 中角色的含义。<br>3. 初步掌握绘制角色的方法。<br>4. 激发程序设计的兴趣。<br>**第三单元**<br>共同要求：<br>1. 通过学生体验项目活动的一般方法，以此培养学生的收集处理运用信息的能力以及与他人合作及交流的重要性，感受信息科技学习的乐趣。<br>2. 在学生体验项目活动过程中，通过增加草图设计环节以及填写较详细的概念图的活动等内容，来帮助学生提高逻辑思维能力。<br>校本要求：<br>1. 初步掌握利用控制模块实现对角色造型的切换。<br>2. 初步掌握图章工具、"移动到鼠标"模块、循环结构的使用。<br>3. 能够通过与他人合作的方式学习并使用 Scratch，编辑与学生认识水平相符的程序，达到预定美术画面设计目标（模拟动画）。 | 2. 正确放置模块的位置，实现程序目标。<br>3. 掌握利用色块（或者其他角色）表示声音的方法，编辑与学生认识水平相符的程序，达到预定音乐乐器演奏设计目标（模拟音乐）。<br>4. 积极参加编程活动，培养主动探究信息技术工作原理和信息科技的奥秘。<br>**第五单元**<br>共同要求：<br>1. 进一步巩固搜索搜集处理信息的能力，进一步认识、了解网络的日常运用体验，在此基础上学习并掌握收发邮件（带附件）的基本操作。<br>2. 通过运用前几单元所学过的知识技能和方法，学生尝试简单的立项体验，完成项目地全过程。<br>3. 在完成项目的过程中，学生能体会与他人合作交流的重要性，开始具有乐意与他人一起合作的表现，并锻炼表达能力。<br>4. 从本单元的开始，应使学生了解单元评价内容，从而引导学生掌握学习内容和注意事项。<br>5. 在学习过程中要求学生知道使用信息技术的有关法律法规规定和道德约束，知道知识产权，逐步具有自律的意识，能够进行自我保护。<br>校本要求：<br>1. 综合运用绘制、外观、控制、画笔、声音模块完成程序设计的能力培养。<br>2. 初步学会使用网络获取信息、与他人沟通；能够有意识地利用网络资源进行学习、发展个人的爱好和兴趣。 |

<br>

## 第三节　开垦逻辑和创意的土壤

　　本课程引入的 Scratch 是由美国麻省理工学院媒体实验室专门为儿童设计的一个编程软件，在国内外青少年中越来越风靡。我们依托此软件设计适合孩子们信息技术知识技能方面、解决问题能力方面、德育方面发展的课程，带领他们轻松快乐地创作动画、多媒体故事、游戏和音乐等，让他们在不知不觉中掌握编程的思想和方法，享受到与同伴协作共创的乐趣！

### 一、学科课程结构

　　《义务教育阶段信息技术课程标准》中指出："义务教育阶段信息技术教育内容分为基础性内容和拓展性内容。基础性内容是学生运用信息技术开展学科学习和综合实践活动，适应现代社会生活的必要基础，这是必修内容。拓展性内容是针对信息技术条件较好的地区以及在信息技术方面学有余力的学生设置的选择性学习内容，以引导学生在信息技术学习的广度和深度上进一步发展。小学的选修包括机器人教学和 Logo 语言。"[①]

　　"Scratch 语言比 Logo 语言操作更为简便，语言内容更为丰富，让学生更为自由地创作出好的作品。Scratch 语言比 Logo 语言无论在操作的易用性、程序的可读性、内容的丰富性，还是在共享的便捷性上都更有优势。"[②]

　　《上海市中小学信息科技课程标准（试行稿）》中指出："中小学信息科技课程是面向全体学生的一门基础课程，它既是信息科技学科的基础，又是学生在信息化社会生

---

① 中华人民共和国教育部. 义务教育信息技术课程标准[EB/OL]. 2018－10－21/2020－08－25.
② 徐斌. 用 Scratch 替代 Logo 开展程序设计教学的思考[J]. 中国教育信息，2014(7)：45—46.

活、学习、工作的基础。因此,必须始终围绕课程目标,从培养和提高学生信息素养的要求出发,进行课程设计。在信息科技知识、技能方面,要求基本学会和掌握常用信息技术工具和计算机软件的操作技能,包括工具操作方法、图形界面软件和常用工具软件的基本操作等;在解决问题能力方面,要求学生通过实践体验,了解和学会解决问题的一般方法和工作规范,并形成能力;在德育方面,要求学生在学习、实践、活动过程中,逐步体会信息科技对社会的生活、学习、文化等产生的影响,并自觉遵守法律法规和道德准则,形成良好的行为规范,具有自律意识和社会责任感。"①

　　因此,本课程将 Scratch 软件学习设置成"编程基础知识和技能""编程基本能力""编程之社会与个人"三大类别,注重培养学生具备适应终身发展和社会发展需要的必备品格和关键能力(见图 11 - 1)。

**图 11 - 1　小学信息科技课程结构图**

　　1. 编程基础知识和技能:能根据本课程编程软件的学习和其他活动需要,分析所需的信息及其类型,讨论确定合适的信息来源,学会从不同信息来源搜集资料的方法,对信息搜集过程进行一定的规划,初步形成信息需求分析的意识和习惯。

---

　　① 上海市教育委员会.上海市中小学信息科技课程标准(试行稿)[EB/OL].2018 - 05 - 05/2020 - 08 - 25.

2. 编程基本能力：学会利用常见信息技术设备对传统介质的信息进行必要的数字化转换，如本课程中编程软件处理图片及声音。熟悉本课程编程软件的界面和常用工具和模块，比较不同脚本产生画面效果的异同之处，总结具有广泛适用性的操作方式，积累技术应用经验。

3. 编程之社会与个人：通过比较和实际体验，感受对信息进行数字化编码、存储和管理的优势，认识到数字化是信息技术的核心概念之一。学生通过网站共享信息、发表看法、发布成果、交流思想，支持合作探究或其它有意义的社会活动。

## 二、 学科课程设置

《义务教育阶段信息技术课程标准版》中指出："学会使用多媒体制作软件，运用文字、图片、声音等多种方式，灵活地表达想法、创意和研究结果。"因此，本课程立足学生熟悉的图画和声音，以色彩艳丽的舞台效果和设计好的动画或游戏范例吸引学生的眼球，提升学生学习兴趣。因此设置以下小学信息科技拓展课程（见表 11‐2）：

表 11‐2　小学信息科技拓展课程设置表

| | | 编程基础知识和技能 | 编程基本能力 | 编程之社会与个人 |
|---|---|---|---|---|
| 三年级 | 上学期 | 百变造型 | 旋转色彩 | 随机魅色 |
| | 下学期 | 音画时尚 | 色辨成音 | 奇趣故事 |

## 三、 学科课程内容

我们的教学目的是通过这款 Scratch 软件，让学生制作动画来表达自己的想法，所以教师在给出实例后，首先要让学生看得懂脚本语言，然后再加上自己的想法进行创新。学生在创作中熟悉各模块的使用，并将知识点很好地融入实例中。现制定以下课程内容（见表 11‐3）：

### 表 11-3 小学信息科技拓展课程活动表

| 活动名称 | 课程目标 | 内容要点 |
|---|---|---|
| 百变造型 | 1. 掌握启动关闭保存 Scratch 的方法。<br>2. 认识 Scratch 的工作界面。<br>3. 了解 Scratch 中角色的含义。<br>4. 初步掌握绘制角色的方法。<br>5. 初步掌握利用功能模块实现造型切换的方法。<br>6. 激发程序设计的兴趣。 | 1. 认识 Scratch 界面。<br>2. 设计一个变脸互动小游戏。<br>3. 测试程序。<br>4. 改进变脸程序。 |
| 旋转色彩 | 1. 初步掌握画笔工具中"图章、清除所有画笔"功能模块的使用。<br>2. 初步掌握动作模块中"移动到鼠标"模块的使用。<br>3. 初步掌握利用"绿旗"启动程序的方法。<br>4. 了解程序中循环的控制。 | 1. 用"绘制新角色"新增笔刷。<br>2. 测试程序。<br>3. 改进神奇画笔程序。 |
| 随机魅色 | 1. 熟练掌握在 Scratch 中绘制角色的方法。<br>2. 掌握 Scratch 的舞台设置。<br>3. 熟练掌握画笔工具中"图章、清除所有画笔"功能模块的使用。<br>4. 初步掌握数字和逻辑运算模块中"在之间随机选一个数"模块的使用。<br>5. 熟练使用程序中循环的控制。 | 1. 认识舞台。<br>2. 实现同心圆效果。<br>3. 测试程序。<br>4. 改进：用随机数改变角色的颜色。 |
| 音画时尚 | 1. 掌握声音模块中弹奏音符的方法。<br>2. 掌握复制程序模块的方法及保存舞台的方法。<br>3. 熟练掌握角色初始位置的方法，熟练掌握 Scratch 的舞台设置。<br>4. 熟练掌握画笔工具中"图章、清除所有画笔"功能模块的使用。<br>5. 综合运用绘制、外观、控制、画笔、声音模块完成程序设计的能力培养。 | 1. 演奏乐曲《小星星》。<br>2. 测试程序。<br>3. 改进：将弹奏的音符画出来。<br>4. 再改进："图章"实现音乐一拍的可视化。 |
| 色辨成音 | 1. 掌握侦测模块中碰到颜色工具的方法。<br>2. 掌握控制模块的"If"结构的使用方法，理解条件判断在程序中的应用。<br>3. 熟练使用有限次循环。<br>4. 建立艺术与程序的关联。 | 1. 实现遇到的色块还原成声音。<br>2. 测试程序。<br>3. 优化：实现对一行色块的判断并弹奏出对应的音符。 |
| 奇趣故事 | 1. 掌握链表的建立、添加及删除的使用方法。<br>2. 掌握字符串连接的使用方法。<br>3. 建立艺术与程序的关联。 | 1. 让角色将故事讲述出来（建立人物、地点、事件链表）。<br>2. 测试程序。<br>3. 进阶：角色一边说话一边表演动作。 |

## 第四节　播种喜爱编程的种子

以《义务教育阶段信息技术课程标准》为依据，在小学信息科技课程中努力创造条件，积极利用信息技术开展各类学科教学活动，使学生提升获取信息、传输信息、处理信息和应用信息的能力。

### 一、 建构"享受课堂"，提升课程实施品质

本课程选定的教材是王继华等编著的《Scratch 创意动画设计》，内容比较贴近小学生。采用"为创作而教"的方法组织的范例模仿设计，用 10 个来自教学的原创案例教学生学习，并通过学习支架帮助学生进行一定程度的创作，使他们学习到端程的思想，培养逻辑思维和创意表达的能力。

一是对 Scratch 的初体验。通过最简单的示例让学生快速入门，让学生明白在设计一个作品之前，首先要有一个设计大纲，大纲里需要写清楚故事或游戏是什么内容、需要什么样的背景、每个角色有哪些造型、有什么样的音乐或声音以及一些其他要用的素材等。

二是通过学习范例，进行基础的创作。在这部分，我们期望学生养成一个好习惯，在创作前一定要尽可能想清楚自己到底要设计什么，尽量用流程图画出自己的思考，这叫作"动脑想"。当学生大致想清楚了，就要"跟着做"；在做的过程中，学生尽量理解其中涉及的 Scratch 知识；明白这些知识后，学生规划好设计，就可以按照自己的创意模仿着去做。

三是自由创作。经历了许多的模仿，学习了许多的 Scratch 知识后，学生设计作品时，就可以尽可能自由地想，因为他们已经具备了设计的能力。这时候学生创作的作

品是为了他人设计的，所以站在他人的角度思考问题很重要，与同伴一起合作也很重要。

## 二、 进行"享受教学"，实践适合的教学方法

小学 Scratch 教学面临着一些问题，教师在教学中通过尝试与实践，通过已有的信息技术教学方法，探索出适合小学生的 Scratch 教学方法，使学生的畏难情绪得到了缓解，让他们探究的兴趣和能力得到了有效提高。

在本课程中，我们采用不同教学方法：讲授式教学方法，学生的专注力和听课能力得到提高；讲练结合式教学方法，学生练习的有效性得到提高；任务驱动式教学方法，任务生成的情景创设、问题的生成性以及教师在任务驱动式课型中角色定位有所改善；学程导航式教学方法，学生的自主探究能力、合作能力以及练习效率得到提高。"教师的重点应落在让学生有意义的学习，对学生实施个别化的分层教学，使每个学生获得最优化的发展。检验教师教学的最重要标准就是学生的学习是否有收获，如果学生不想学或没有收获，即使教师教得再辛苦，也是无效教学。"①因此，本课程中教师教学的有效性还需要加强和改善，教师应立足于成为学生学习的激发者、辅导者、各种能力和积极个性的培养者，落实如何促进学生的"学"上，以达到发展学生的学科核心素养的目标。

## 三、 建设"享受社团"，提升学生学习兴趣

为进一步推进"享受课堂"课程的实施，我们依托校本课程，开设"阳光社团"。该社团主要通过让学生动手探索 Scratch 软件，发现问题、采集素材、创作作品，加强软件工具使用的熟练度，激发学生的创新探究精神。社团将开展小组分类探索、出题创作、

---

① 乔海鹰.小学信息技术课教学方法探讨[J].内蒙古教育，2012(14)：74—75.

集体分工合作等多种形式,确定重点培养对象,组建成一支长期稳定、不断创新技术的社团队伍。

编程是一个很广的课程,设计流程、创作优化等都是学习的内容,学得多不如学得精,所以教师给学生制定的社团活动,具体内容分为五个：1. 重视基础方面的学习,从程序命令等方面入手,从而来解决课堂中难以解决的疑难问题;2. 辅导学生设计流程方面的学习,看懂范例、理解其中涉及的 Scratch 知识,让学生规划好自己的创意模仿;3. 指导学生进行一些解决生活问题的创作,培养学生观察能力和热爱生活的习惯,创作出内容积极向上且有一定的生活气息的作品;4. 定期举办学生作品展示,交流回顾,总结学习成果,为学生提供表现自己实力、增强自信心的机会;5. 对于一些才华出众、有独特创意的学生,为他们提供参加各种区级市级比赛的机会,努力培养出色的编程人才。

## 四、 进行"享受创意"，优化学生创作作品

我们将从五个方面来进行创意优化,让学生明白怎样才算是一个优秀的 Scratch 作品,同时也让学生学会更好地设计 Scratch 程序。

一是创意编程。创意也就是在作品设计上应摒弃固有思维,思考不同的表现形式。比如植物大战僵尸游戏的创意编程作品,学生在学习了一段时间的 Scratch 后,不仅增加了豌豆随鼠标方向射击的功能,还由此增加了激进僵尸的角色。这就是通过实践去摆脱固定的游戏思维,将个人思考的元素融入作品中,从而使得游戏更具创新性。所以,创意把一件枯燥的事情变得有趣好玩,把一个复杂艰深的原理通过 Scratch 解释得简单易懂。

二是艺术审美。一个作品要看上去舒服、有美感,若画面上不注意,第一眼就被人忽略了。如学生作品《小猫快跑》,其实创意非常棒,只是画面有些粗糙、文字没有进行美化,就显得不够精致和美观。但其实这个作品是一个非常有意思、可玩性也很高的游戏。因此,无论学生的作品是游戏、动画、故事还是其他,都要有审美上的要求,具体

可以从封面、字体、角色、背景等模块上体现审美水平。

三是用户体验。既然学生作品是给他人看或玩的，那肯定得从他人的角度去考虑问题。比如专门给一个页面说明游戏规则、游戏的难度是否适合、操作流程是否顺畅等等。

四是设计思想。在社团活动中，我们对设计思想有两点要求：1. 作品构思完整，内容主题清晰，有始有终，有开始的说明介绍，也要有结束的提示，让欣赏作品的人一看到就知道这个作品如何去开始运行，运行过程中如何与角色交互，作品结束时自己会得到什么样的结果。2. 一个优秀的作品，要有一个清晰的主题。如果是一个动画，欣赏者要能看出这个动画想表达什么，是节日祝福，是讲一个故事，还是展现幽默；如果是一个游戏，设计了很多关卡，那不同关卡要有一定的相关性，不要一会儿打球一会儿走迷宫。

五是程序设计。一个优质的作品最基本的要素就是要做到程序运行稳定、流畅、高效，无明显错误，这是最重要的，也是最基本的。程序中无用的、根本执行不到的代码要删除，把它们留在脚本区会造成干扰，影响程序的易读性。此外，角色、自定义的积木块儿、广播的消息，要合理命名，避免出现"角色 1""角色 2""消息 1""消息 2""广播 1"之类的名称。

## 五、 展开"享受比赛"，浓郁学科学习氛围

本课程开展"阳光比赛"分为个人赛和团体赛。在个人赛中，学生们面对同一选题，自己设计角色、脚本，独立完成项目，有自己鲜明的特色；而在团体赛中，学生们分成几个小组，各组的选题不相同。在编写程序的过程中学生是需要跟团队中的所有成员去反复沟通、反复互动，共同来完成这个任务的。这个过程可以很好地培养孩子们的协调、合作、沟通能力，也可以培养带领团队的能力。每次比赛各班选出 3 件优秀作品交给评委教师，评选出的优秀作品在校园网上展览。

1. 古诗动画比赛。学生独立或合作制作一段时间不少于 20 秒的动画，比赛统一

使用 Scratch 编程，要求规范、整洁、美观，做出个性。

2. 名人故事比赛。名人故事是每个人成长历程中不可缺少的亲密伙伴，它像阳光雨露滋润着我们的梦想。学生用 Scratch 编程，设计一段动画，配合文字音乐，让欣赏的其他学生们进一步了解祖国名人事迹，感受名人的精神。

3. 垃圾分类动画比赛。激发学生学习 Scratch 的热情和兴趣，感受编程的魅力，体会编程的价值，同时培养同学们在日常生活中垃圾分类的意识，让学生在参与活动中得到锻炼。

总之，随着时代的发展，编程教学离小学生越来越近，从 Logo 的遇冷到 Scratch 的风靡，图形化编程语言已经成为小学程序教学的主流语言，而编程教学也最能体现信息技术课程的特色，但是程序教学难度较大，因此，需要信息技术教师在设计吸引学生的课程，提高学生表达创作的能力上多下工夫。

（撰稿者：殷春燕）

# 第十二章

## 幸福心育： 为生命的幸福奠定心理基础

心理课程是体验幸福的，它应当是实用性、差异性、活动性、延展性和参与性的，让心理学习为学生的幸福生活奠定基础是"幸福心育"的旨趣。"幸福心育"是实用性的，激发思维活力、提升创新能力，引导学生更好地学习和生活；"幸福心育"是差异性的，通过课程的差异化设置，来满足学生个性化的心理需求；"幸福心育"是活动性的，允许学生在活动中探索、体验和感悟；"幸福心育"是延展性的，突破课堂教学的时空概念，让学生将所学迁移到生活中；"幸福心育"是参与性的，鼓励学生通过多样的途径参与到课堂中。

上海市奉贤区阳光外国语学校非常重视心理健康教育工作,建立了一支由骨干教师组成的心理健康团队。近年来,学校心理教师钻研教材、提升专业技能,以积极心理学为指导理念,以预防性、发展性心理辅导为重点,努力提高学生的心理潜能,提升学生的幸福感。在《教育部关于全面深化课程改革落实立德树人根本任务的意见》(教基二[2014]4号)、《中小学心理健康教育指导纲要(2012年修订)》以及学校"七维度"核心素养培育的目标引领下,我们积极推进心理健康学科课程建设,取得了良好成效。

## 第一节　心理是提升儿童幸福感的教育

### 一、 学科性质观与价值观

1. 学科性质观

《中小学心理健康教育指导纲要(2012年修订)》指出:"中小学心理健康教育,是提高中小学生心理素质、促进其身心健康和谐发展的教育,是进一步加强和改进中小学德育工作、全面推进素质教育的重要组成部分。"中小学生正处在身心发展的重要时期,随着生理、心理的发育和发展、社会阅历的扩展及思维方式的变化,特别是面对社会竞争的压力,他们在学习、生活、自我意识、情绪调适、人际交往和升学就业等方面,会遇到各种各样的心理困扰或问题。而每个学生面临的成长困惑可能存在这样或那样的不同,如果仅仅是出现问题解决问题,那不仅效果差而且效率低。因此,心理健康教育必须是提升学生自身的心理品质与潜能,提升幸福感,只有这样他们才有能力,也愿意积极地应对成长过程中遇到的各类困难,实现身心全面发展。

因此,心理健康教育就是通过帮助学生应对各类心理困扰来提升幸福感的教育。

2. 学科价值观

根据《中小学心理健康教育指导纲要(2012年修订)》的文件精神,心理健康教育要坚持发展、预防与危机干预相结合，既要面向全体学生也要尊重学生的个别差异。这告诉我们，心理教育并不是学生出现问题然后解决问题，而是走在学生发展的前面，让学生提前具有应对未来成长道路上可能出现的问题的能力和品质，在心理问题未形成之前就成功处理好，而不至于发展成为心理问题。这些能力和品质就是学生要具有的积极心理品质和心理潜能。这一价值观也与面向全体学生又尊重差异相辅相成。心理健康教育要面向全体学生，而不是部分出现问题的学生。在面向全体学生时，要考虑学生的个体差异，从而更好地为学生提供教育，让每个学生都能获得幸福体验，都能够发挥心理潜能。

因此，心理健康教育就是通过让学生获得幸福感来提升心理品质的教育。

综上，我们认为，心理课程的核心价值就是通过课程塑造学生积极的心理品质，奠定幸福人生。课程主张一切从"积极"出发，用积极的视角观察和解读各种现象，用积极的内容和途径培养积极向上的心态，用积极的手段诱发积极的情感体验，用积极的反馈强化积极的效果，用积极的态度塑造积极的人生，即便遇到不幸，也要从不幸中力求有幸，从而为幸福人生奠定积极的心理基础，营造和谐向上的阳光心态。

## 二、　学科课程理念

基于上述观点，我们提出"幸福心育"的学科课程理念。我们认为，幸福感是心理教育作为应用型课程实现其价值取向的必由之路。让学生获得积极心理体验和幸福感，才能让学生有更多的参与兴趣、情感共鸣，将获得的成功经验迁移到生活的其他方面，最终过上幸福生活。

1. "幸福心育"是实用性的。实用性是"幸福课堂"的一个首要特征。它表现在认知目标上更注重培养学生分析、处理问题的态度与技能；在课程内容的选择上更倾向于可操作性、可实践性；在组织形式上更突出与现实生活的相通性、相似性；在教学的效能上更强调及时性，而非延时性。通过心理健康教育课程的实施，帮助学生学会思考、激发思维活力、提升创新能力，引导学生将这些能力迁移到其他学科学习上，迁移到生活的其他领域,更好地学会学习、学会生活。

2.“幸福心育”是差异性的。本课程的实施考虑到不同发展阶段学生的不同需求,故在开发和实施的过程中必须要考虑不同年级、不同层面学生的心理需要。其差异性主要体现在课程内容的模块化、教学方法的多样化选择以及课后个性化的评价上,这些措施能够满足学生个性化的心理需求,真正地走进学生的内心,为学生的幸福生活提供支持。

3.“幸福心育”是活动性的。心理健康教育课程依靠活动进行,学生在活动中实践参与。既然课程的实施是为了使学生通过课程获取实用性的处理问题的态度、技能,那么课堂实施的过程必然减少教师讲解,凸显学生的主体性,让学生在组织有序、灵活多样、富有情趣的活动中学习、探索、体验、感悟、操练。

4.“幸福心育”是延展性的。心理健康教育课程要求学生将课程中学会的态度技能在生活中有意识地进行训练和使用。所以课程在某种程度上也要突破课堂教学的时空概念,无论实施与评价都要既注重课堂学习与操练,也注重课外迁移与拓展。

5.“幸福心育”是参与性的。教师鼓励学生通过提供自己的成长困惑、交流自己的成长经验、共享自己的相关资源、参与协助他人解决问题、提供合适的案例等多样的途径与方法参与课程内容的选择、教学的设计、教学与课程的评价,这既有助于课程的开发、达成对课程目标的共识,也是推进心理健康教育课程实施、实现课程目标的有效途径。

总之,“幸福心育”就是根据不同阶段学生的身心成长需求提供差异性课程,鼓励更多学生参与到形式内容丰富的活动中来,将掌握的态度技能迁移至自己的生活中,在学习生活中获得幸福感。“幸福心育”,尊重每个学生的成长需求,期望成为学生成长路上的同行者,共同应对遭遇的挫折、分享成功的喜悦、思考成长的困惑。在学生成长的路上,一路与爱同行,给予学生精神自信,让学生更好地探索世界,发掘生活的意义。

## 第二节　激发儿童积极的心理潜能

《中小学心理健康教育指导纲要（2012 年修订）》指出："心理健康教育的总目标是：提高全体学生的心理素质，培养他们积极乐观、健康向上的心理品质，充分开发他们的心理潜能，促进学生身心和谐可持续发展，为他们健康成长和幸福生活奠定基础。"从中可以看出，心理健康教育关注的是所有学生的优势而非心理问题，通过增强学生的这些心理潜能，让学生在遇到心理挫折时，能够积极应对和处理，在成功应对的过程中获得自信和幸福感。因此，在这一目标下培养的学生，能够运用心理潜能，解决生活学习中的心理困难，健康成长。

### 一、学科课程总体目标

结合《中小学心理健康教育指导纲要（2012 年修订）》与我校实际，我校心理课程的总目标可以概括为以下 12 字："学会生活，学会学习，爱中成长。"具体阐述如下：

1. 学会生活

就是适应环境。学生能够初步通过语言、动作、表情等感知自己和他人的情绪，正确认识每种情绪的意义，合理抒发情绪（愤怒情绪的疏解、快乐情绪的表达等），也能够关心他人情绪。除了能够科学管理情绪外，学生还要能够积极面对生活学习中的挑战、变化，以开放的心态去接受、去调整自己；面对挫折时有正确应对方式，形成坚毅品质。

2. 学会学习

提升学生学习的基础能力，包括观察力、注意力、记忆力、创造力与兴趣力。让学生明白注意力对于学习的重要性，掌握适合自己集中注意力的方法，并能够在真实的学习情境中主动运用；学生从不同角度进行观察学习，获得积极体验，能够开拓观察视角，更丰富细腻地享受生活、喜爱学习；掌握生动有趣的记忆术，能够熟练运用于各科学习中；培养创造力与兴趣，每个学生通过发现学习的有趣之处或树立自己的理想目标，提升自己的学习动机，开拓思维，了解进行创造的几种角度并能够在学习上使用。

3. 爱中成长

包括尊重生命价值和积极接纳。

尊重生命价值，就是学生能够看到每个生命存在的价值，能够看到自己的优点和缺点，接受自己的缺点，也能自信地发挥自己的长处；学生有坚毅的品质，慎重对待生命，初步认识死亡这件事，知道死亡不可逆；能够保护自己，区分身体红灯区、黄灯区、绿灯区，对自己的身体有绝对的权力，能够保护自己身体不受侵犯并知道受害后如何求助；接纳青春期身体的变化，掌握初步的生理保健知识。

积极接纳，就是能够积极乐观地接纳自己与他人。学生要具有良好的性格品质，能够以开放的心态主动积极地交友，具有良好的交友技巧，人际关系良好；能够全面正确地认识自己的特点，具有自信乐观的品质，也能够接纳自身的缺点。

总之，我们秉持为每个学生的学习生活提供支持的信念，围绕以上三个目标，使学生学会学习和生活，正确认识自我，提高自助和自我教育能力，增强调控情绪、承受挫折、适应环境的能力，形成健全的人格和良好的个性心理品质。

## 二、 学科课程年段目标

遵循《中小学心理健康教育指导纲要（2012 年修订）》的指导思想，结合我校学科课程总目标，我们设计了心理课程的年段目标。在此，我们以六年级的学科课程目标为例（见表 12 - 1）。

表 12‐1　"幸福心育"课程目标表

| 学期目标<br>年级段 | 第一学期目标 | 第二学期目标 |
|---|---|---|
| 六年级 | **第一单元**<br>共同要求：<br>1. 接纳新学期发生的变化。<br>2. 尽快适应初中的学习生活变化。<br>3. 获得一些适应环境的方法。<br>校本要求：<br>1. 接纳新学期身边的各种变化,用变化发展的眼光看待世界,意识到这些是成长的必经之路,学习掌握相关方法,让自己能够积极应对这些挑战。<br>2. 了解自己的社会支持系统,能够通过支持系统寻求帮助。<br>3. 用积极乐观的态度去迎接挑战。<br>**第二单元**<br>共同要求：<br>1. 提升人际交往能力。<br>2. 学习与同学、老师、父母交往的方式方法。<br>校本要求：<br>1. 感恩父母,理解父母,发生矛盾时要积极与父母沟通处理矛盾。<br>2. 感受语言的魅力,学会用语言为人际交往加分。<br>3. 感受初中友谊的魅力,学会如何与朋友相处。<br>**第三单元**<br>共同要求：<br>1. 掌握有效学习的方法,提升学习效率。<br>2. 科学备考。<br>校本要求：<br>1. 通过组织与情景化记忆等方法提升记忆力,并能运用于其他学科的学习中。<br>2. 结合自身情况,找到学习的动力。 | **第一单元**<br>共同要求：<br>1. 让学生了解接纳青春期的变化。<br>2. 在青春期中保护好自己。<br>校本要求：<br>1. 了解接纳身体的变化。<br>2. 正确看待身边同学的变化,尊重彼此,不嘲笑。<br>3. 男女生科学看待对异性的好奇懵懂,处理好恋爱问题,文明交往。<br>4. 学习相关法律法规,树立安全意识。<br>**第二单元**<br>共同要求：<br>1. 了解认识情绪。<br>2. 用阳光积极心态拥抱挫折。<br>校本要求：<br>1. 如何处理人际交往过程中遇到的负面情绪。<br>2. 如何面对挫折。<br>3. 情绪管理的方法——科学放松法、正念、合理情绪疗法等。<br>**第三单元**<br>共同要求：<br>1. 全面准确了解自己。<br>2. 用积极的眼光看待自己。<br>校本要求：<br>1. 了解自己的多元智能,意识到每个人都有闪光点,更积极自信。<br>2. 看到自己的优点,知道如何发展自身的长处。<br>3. 进行形象管理,借助外界的评价,帮助自己更优秀。<br>4. 尊重他人,掌握开玩笑的尺度。<br>5. 拒绝贴标签,不给别人贴标签也不给自己限定标签,发展多种可能的自己。<br>**第四单元**<br>共同要求：<br>1. 了解网络的好处与危害。<br>2. 科学自律地使用网络。 |

| 学期目标<br>年级段 | 第一学期目标 | 第二学期目标 |
|---|---|---|
| | 3. 学习如何处理考试焦虑等情绪、考试的积极备考方法等。<br>4. 学习提升创造力的方法，训练思维的灵活性。 | 校本要求：<br>1. 树立发展观，意识到社会的发展变化，网络带来的便利。<br>2. 意识到网络可能给生活带来的危害，如厌学、网瘾、健康危害等。<br>3. 养成自律意识，文明上网，科学有效地使用网络，做网络世界的主人。 |

## 第三节　构建心理免疫力的幸福课程

为了促进全体学生身心和谐可持续发展，我校心理健康教育课程框架依据不同年龄阶段学生的身心发展需求，围绕沪教版教材进行授课，在五、六年级对学生开展发展性、预防性的团体心理活动课，提升学生应对心理问题的免疫力，增强心理防御机制。

### 一、学科课程结构

《中小学心理健康教育指导纲要（2012 年修订）》指出，为了普及心理健康知识，让学生树立心理健康意识、了解心理调节方法、认识心理异常现象、掌握心理保健常识和技能，重点要在认识自我、学会学习、人际交往、情绪调适、升学择业以及生活和社会适应等方面开展教学。为了贯彻这一教学内容，提升学生心理免疫力，结合我校"幸福心育"的课程理念，我们的心理健康教育课程设置了"闪光的我""向上的我""开放的我""阳光的我""发展的我"与"社会的我"六类内容，通过帮助学生获得这六个方面的能力，最终实现"幸福心育"的课程目标（见图 12－1）。

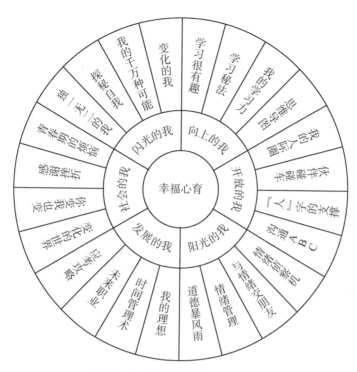

图 12-1 "幸福心育"课程结构图

1. "闪光的我"，培养积极的自我评价。

即认识自我，帮助学生认识自己，从生理、心理与社会角度认识自己有哪些特点，有哪些优点和缺点。能够辩证看待自己的缺点，反思自己，向身边的同学老师家人学习，改正缺点；对于优点，能够看到自己的优势领域，保持发扬。此外，学生也能够接受来自他人对自己的评价，坦然接受他人对自己的建议。总之，"闪光的我"的学习，就是帮助学生看到自身的优点长处，积极客观地全面认识自己，不自卑、自信，对自己有积极正向的认识，这样才能过好幸福人生。

2. "向上的我"，高效率完成学习任务。

即学会学习。当前学生的主要成长任务就是学习，在学习中获得各项成长技能，积累知识，为未来生活奠定基础。因此，"向上的我"这部分的学习，从心理学角度帮助学生掌握与学习有关的方法策略，例如，如何更好地记忆、如何激发创造力、换个角度思考问题等等。让学生体验到学习的乐趣，激发他们的学习兴趣，也让他们的学习更有效率。

3. "开放的我"，善于与周围人相处。

即人际交往。人具有社会属性，从出生开始，就与周围的人产生各种联系，因此，人的幸福成长离不开与人的相处。通过本部分的学习，让学生感受人际交往获得的乐趣，能够更积极开放地打开自己，与他人相处；在相处过程中，学生也能够掌握一些交友的方式方法，换位思考、沟通、感恩等，更好地维护人际关系。

4. "阳光的我"，科学管理情绪。

即情绪调适。好的情绪管理能力，可以增加人的幸福感，也能够更和谐有效地完成生活学习中的各项挑战。这部分的学习主要包括帮助学生了解自己的情绪情感变化，与人相处中能够及时觉察自己情绪的变化，并能做出调整；了解各种情绪发生的原因及可能对事情的影响，掌握具体的调节情绪的方法策略；照顾他人的情绪，为人际交往服务。

5. "发展的我"，做好人生规划。

即升学择业，进行规划的能力。这是每个学生幸福人生必不可少的能力，不仅升学年级的学生要进行选择规划，处于各年龄阶段的学生也要，因为他们的人生处于发展变化中，如何探索兴趣与理想目标、学习上如何制定计划并采取行动来实现学习目标等等，这些都需要学生具有规划能力。当今的学生，更具个性，强调自主性，老师家长对他们选择的影响在逐渐变小，因此，这一部分的学习帮助学生探索自己的兴趣、理想目标等，学习如何做出更科学准确的选择，如何制定具体可执行的目标计划，如何进行时间管理等。

6. "社会的我"，积极适应生活环境变化。

即生活和社会适应。随着时代的发展，学生面临比以往更多的变化和挑战，学习方式的变化，如网课、翻转课堂、实践服务、课题研究等；人际交往的变化，如与同学手机聊天、与父母交往频率的减少等；身心的成长变化，如青春期生理的发育、情绪的易爆易怒、异性交往问题等。因此，积极适应生活环境的变化，是每个学生幸福生活的必要能力。在这一部分的学习中，学生要认识到生活环境的变化，积极接纳身边的变化和挑战,调整自身的生活学习方式来适应这些变化,此外也要拥抱可能遇到的挫折失败,不断努力克服。

## 二、 学科课程设置

考虑到不同年龄阶段学生身心发展特点的差异,为了让学生建立全方位的心理免疫力来应对未来成长过程中的烦恼,我们在不同年级和不同学期,具体对"闪光的我""向上的我""开放的我""阳光的我""发展的我"与"社会的我"这六部分的学习进行了以下规划(见表 12 - 2)。

表 12 - 2 心理健康教育课程设置表

| 年级 \ 学期 \ 课程类别 | 闪光的我 | 向上的我 | 开放的我 | 阳光的我 | 发展的我 | 社会的我 |
|---|---|---|---|---|---|---|
| 五年级 第一学期 | 独一无二的我 | 学习很有趣 | 我的人际圈 | 情绪侦察机 | 我的理想 | 变化的世界 |
| 五年级 第二学期 | 探秘自我 | 学习秘法 | 伙伴碰碰车 | 与情绪交朋友 | 时间管理术 | 你变我也变 |
| 六年级 第一学期 | 我的千万种可能 | 我的学习力 | "人"字的支撑 | 情绪管理 | 未来职业 | 感谢挫折 |
| 六年级 第二学期 | 变化的我 | 思维导图 | 沟通 ABC | 叛逆暴风雨 | 应考攻略 | 青春期的烦恼 |

"幸福心育"依据不同发展阶段学生的主要成长需求进行不同主题课程的学习,帮助学生从不同的角度去认识、学习、体验和感悟,学习相应的心理技能和方法,增强学生抵抗危机的心理防御力。

## 第四节　打造生动的幸福体验情境

为了让"幸福心育"真正落地，在校园里持续有效地开展下去，为提升学生的心理潜能和幸福感服务，需要给学生提供更多参与体验的机会，在各类活动中提升心理品质。因此，我们建立了以"幸福心育"课堂为主阵地，通过同伴互助凝聚每个学生，通过心理健康月与职业体验项目为学生提供展示的平台，打造了生动的幸福体验情境，帮助学生提升幸福感。

### 一、构建"幸福心育"课堂，扩大课程的影响力

"幸福心育"课是面向全体学生的课程，提升全体学生都需要获得的心理机能和心理品质，而不是仅仅针对那些出现心理问题的学生。在课堂中，所有学生都能够有所体验、有所思考、有所获得，才能让学生真正提升心理品质、获得成功体验，进而成就幸福人生。为了实现所有学生的"有所体验、有所思考、有所获得"，"幸福心育"课堂的建构必须具有以下几点：

1. "幸福心育"课堂营造真诚接纳的氛围。在课堂开始阶段，教师通过小游戏、谜语、体验活动、小故事等为整堂课的开始营造一个有趣、欢乐、轻松的氛围，让学生带着好奇、放松的情绪开始学习；在整节课中，教师通过接纳赞赏的语言、目光、姿态、表情来提问、授课、总结，用自己的行为来感染学生、肯定学生、鼓励学生积极参与。营造真诚接纳的课堂氛围，是学生主动参与课堂的基础，在这样的氛围下，更多学生愿意参与到课堂学习中，去体验，去思考与收获。

2. "幸福心育"课堂注重学生的参与体验。心育课堂没有严格固定的教学程序和内容，课堂内容的展开有时候是教师与学生共同作用的结果。教师精心备课，预设学

生可能的表现,但是每个学生都是独立思考的个体,当学生在教师设置的情境中有了不一样的体验感受,教师要肯定学生的想法,帮助学生解决困难。例如,当学习如何与家长相处一节时,学生提出自己和家长最近的矛盾,而这一矛盾班级中大多数人都有共鸣,教师就可以适当调整教学节奏,和学生共同讨论这一矛盾的解决方法。总之,学生是课堂的主体,要让学生在体验中思考感悟,促进积极心理品质的获得。

3. 在"幸福心育"课堂中,问题的答案没有对错。心育课堂与其他学科的课堂最大的区别就是没有固定的答案,只要是学生真正通过思考所感悟到的,没有对错,就是答案。课堂中,教师组织学生讨论,针对同一问题学生会给出很多答案,这些甚至是教师都没有想到的,但只要是学生的真实感受,就值得被承认接纳。另外,"幸福心育"课堂中也会组织学生进行辩论,针对同一议题各方激烈辩论,可能最终仍不能说明哪一方的观点是正确的,但是学生在双方辩论的过程中学习到另一种思考问题的角度,学会辩证思维。答案没有对错,要鼓励学生积极思考,有所收获。

## 二、 举办"心理健康月",营造积极参与氛围

为进一步加强学生心理健康教育工作,培养学生健全的心理素质,构建和谐校园,丰富校园文化,每年 5 月,学校开展不同幸福主题的心理健康月活动。在这一个月的时间里,学校根据学生的调研情况,制定特殊的节日主题,围绕这一主题进行前期的计划组织、制定方案、进行宣传、开展各类覆盖全校各年级师生的心理活动、对整个活动成果进行总结和评选优秀作品。

1. 精心计划组织,整合各方面资源。每年 4 月中旬,在学校领导支持下,组织全体班主任及任课教师、心理教师及家委会代表参加健康月的筹备会议。根据当前的学生心理需求,共同讨论制定本届的节日主题。围绕这一主题,全员讨论需要开展的活动项目、时间安排、评选要求、需要获得的资源支持等。最后,制定本年度的健康月方案。

2. 利用各种形式进行宣传,提升学生的知晓参与率。心理健康月的开展,是学校每逢 5 月份的重大活动,为了营造浓厚的节日氛围,让更多学生知晓并积极参与,学校

利用各类形式进行宣传：利用红领巾广播、晨会广播提前预告本届心理健康月的主题、各项活动时间安排及参与要求，让学生提前准备积极参与；利用班级后墙板报展示心理知识、学校报刊宣传栏张贴海报、电子屏幕宣传健康月主题、学校公众号发布健康月方案等形式，让学生感受节日氛围，学习心理知识。

3. 开展各类丰富多彩的心理活动，促进学生体验成长。面向全体学生的不同需求开展有针对性的活动，满足学生的心理需求。例如，进入青春期后亲子沟通不畅一直是引发家庭矛盾的主要原因，学校在七、八年级面向学生及家长开展以亲子沟通为主题的系列讲座；升学年级的主要压力来自考试，因此，在五年级和九年级开展相关的减压辅导，有意愿的学生可以预约报名参与。

4. 总结评选，形成经验成果。为了更好地提升心理健康月的实施效果，为以后健康月的举办提供经验指导，激发学生的参与热情，在 5 月下旬，学校对本届健康月进行总结，也对表现优异的学生进行表彰。

### 三、 创办心理社团，发挥学生同伴互助力量

如果说学校是师生的大家庭，那么班级就是学生们的小家，与他们接触最多的就是班级同学。为了让每个学生都能够在遇到烦恼时获得支持，学校在三至八年级建立了心理小委员工作机制，覆盖每个班级每个学生。

1. 心灵晴雨表，守护班级每个成员的记录单。考虑到男女生交往的特点，为了更好地了解每个学生心理变化情况，每个班级有男女两位心理委员，男生负责班级男生的心理烦恼，女生负责班级女生的心理烦恼。每周心理委员会认真记录心灵晴雨表小册子，册子中包括：这一周班级同学的整体心理状况、是否有出现困难的同学、了解下来的原因是什么、如何帮助这位同学的过程。此外，如果班级中有同学出现较为严重的心理冲突，小委员会向班主任与心理老师报告，便于教师密切关注该学生，及时提供指导帮助。

2. 定期培训，提升同伴互助的力量。学生往往比老师家长更有优势，当学生遇到烦恼，他更愿意向身份地位平等的同班级的同学倾诉，因此，让心理小委员发挥同辈互

助作用能够更及时了解学生的情况,进行帮助。但是,学生毕竟缺少专业知识,帮助的效果可能不佳。因此,学校可以对这些心理委员定期进行相关培训,不仅提升他们的心理潜能,解决他们的成长烦恼,也提升了他们的助人能力,能够为班级同学服务。这些心理小委员回到班级,对有烦恼的同学进行支持,就像播撒下的一颗颗火种,能帮助更多学生获得成长的能量。

### 四、 推行"生涯研学营"体验活动,拓展学生视野

职业生涯规划教育是帮助学生认识自我,探索职业发展兴趣,谋求人生发展方向,并促进人格完整,提升生命的意义和价值的活动。职业生涯规划教育更能激发学生的幸福感,当学生通过生涯教育了解自己的兴趣以及未来要努力的职业发展方向后,回过头来有利于激发他们的学习兴趣,更加积极快乐地面对学习挫折,在目标的指引下进行奋斗,获得自信。因此,开展丰富的生涯体验活动,是重要的。我校利用寒暑假,整合社会有利资源,通过家庭、企业、社区等社会教育资源的积极配合,为学生提供各类职业体验活动,让学生在体验中拓展视野,找到未来的方向。

1. 职业启蒙——"参观日记""职业大访谈"。为了让小学阶段的学生了解自己的兴趣特长,对身边的各类职业有初步的了解,尊重每个岗位上的劳动者,我校针对不同学龄段学生的特点,进行了一、二年级的"参观日记"和三至五年级的"职业大访谈"活动。在"参观日记"活动中,学生们利用寒假的时间,跟着爸爸或妈妈参观他们的工作,了解爸爸妈妈平时的工作情况。在"职业大访谈"中,学生们化身小记者,对身边自己感兴趣的职业进行了"大拷问",更加清晰地靠近每个职业。

2. 职业体验——"我的一日体验"。为了提高学生对职业的感受,针对六、七年级开展了"我的一日体验"活动,要求学生跟着爸妈,并且亲身参与到爸妈的工作中,从中获得对每份职业最真实的感受与思考。

除了跟着爸妈体验职业,学生们还利用雏鹰假日小队活动,为社区服务,通过自己的劳动,感受不同职业的意义。通过亲身体验参与,学生们在体验过程中见识到很多

在课堂上无法学到的知识，了解每个职业所需要的知识技能，为未来自己的择业提供有益参考；多方面探索不同职业，寻找适合自己的职业方向；体验到每个职业的辛苦，尊重每个劳动者，每个职业的价值，能够体谅父母，感恩父母。

3. 职业探索——"我的求职简历"。为了进一步让学生探索生涯职业，针对自己的兴趣价值，有针对性地定位自己想要从事的职业。学校组织学生针对自己想要从事的职业，结合自身能力特质，完成"我的求职简历"。

这一活动，让学生们在对自己未来从事的职业有一定目标的基础上，充分探索自身特质与职业要求能力的匹配程度，思考自身存在的优势和劣势，从而更有效率地为未来职业做准备。在这一阶段，很多学生对自己的未来定位都更加精确，并有更加具体的实施步骤。

总之，我校开展"幸福心育"课程，面向全体学生的心理需求，尊重每个学生成长的个性化需要，通过丰富多彩的心理体验活动，吸引学生积极参与，真诚分享，获得积极心理体验，丰富积极心理品质和提升心理潜能，让他们有信心去应对未来成长过程中的困难，为一生的幸福奠定心理基础。

（撰稿人：王诗晗）

# 后记

近些年来,如何提升七彩阳光教育品质一直是奉贤区阳光外国语学校的工作重心。我们以"学生终身发展"为本,从学校文化和学生特点出发,提出了七个维度的核心素养培养标准。以此为导向,我校搭建了"1123 阳光教育核心"的工作网络,即凸显一大理念:国家情怀、国际视野、阳光成长;聚焦一大特色:外语教学特色;完善两大工作体系:七彩阳光课程体系和管理评价体系;强化三大标准:阳光课堂、阳光教师、阳光学子标准。

学校从开办至今,始终围绕七彩阳光学子的培育目标而不断深化课程建设。在"七维度"核心素养培育的研究背景下,学校开发实践立足于学生成长和核心素养培育功能的学校课程体系,以统整手段构建了"I AM BEST"课程,力求培养根植阳光、面向世界的阳光学子和立足课堂、研发课程的阳光教师,实现学校内涵式发展。

三年的时间过去了,"I AM BEST"课程体系及子课程群已有详尽的方案设计和一定的实践经验,但是仍需要继续推进研究,形成内涵式和特色化发展。

我们还要做的是在得到教师们的理念认同的基础上,重建核心素养导向的教学观,从知识本位的教学转向素养本位的新型教学观。在此过程中,应当自上而下地明确核心素养导向的教学基本策略,即如何贯彻知识互通、课程统整的整体性策略;如何执行创设情境、联系生活的情境化策略;如何展现学科特性、问题导向的深度化策略;如何强调注重过程、项目学习的活动化策略等等。

除了推进开展课程的深度变革与实践以外,还需要深入探讨课程的效果评价机制和质量监控研究,并结合信息化资源,让多元评价聚合起来,流动起来。总之,在深入课程的教育目标和铺设范围更广阔的课程种类的过程中,我们将始终以学生为本,为学生提供适合他的教育;以教师为本,为教师创设适合他的教育环境;以学校为本,从学校文化中提升内涵,形成特色,从而孕育出综合有效的课程实践形态。

本书是在思维与思维的碰撞中产生的,在此过程中我们分享、共研、互助。感谢上海市教育科学研究院杨四耕教授以熟稔的经验和卓越的智慧带领全体组员开展了卓有成效的方案研制与实践指导工作。他全程参与每一次的修改、讨论工作,每每给予独到的见解,让组员们深受启发。课题研究组和课程开发组的各位组员们深耕课程标准与课堂教育,倾力完成了本书各章的撰写,在此一并予以感谢。

希望本书呈现的学科整合为当下学生核心素养的培育打开新的视角。是为记。

吴迅雷

2020 年 10 月于上海

# "品质课程"阅读书目

| | | | |
|---|---|---|---|
| 学校整体课程规划 | 978-7-5760-0423-6 | 48.00 | 2022 年 1 月 |
| 推进育人方式变革的区域教学改进研究 | 978-7-5760-2314-5 | 56.00 | 2021 年 12 月 |
| 学校整体课程规划的七个关键 | 978-7-5760-0424-3 | 62.00 | 2021 年 3 月 |
| 课堂教学的 30 个微技术 | 978-7-5760-1043-5 | 52.00 | 2020 年 12 月 |
| 教学诠释学 | 978-7-5760-0394-9 | 42.00 | 2020 年 9 月 |
| 原点教学：提升区域育人质量的策略研究 | 978-7-5760-0212-6 | 56.00 | 2020 年 8 月 |

## 📖 品质课程聚焦丛书

| | | | |
|---|---|---|---|
| 自组织课程：语文学科课程群新视角 | 978-7-5760-1796-0 | 48.00 | 2021 年 12 月 |
| 数学作为学习共同体：一种新的数学课程观 | 978-7-5760-1746-5 | 52.00 | 2021 年 12 月 |
| 学科育人的整体课程范式 | 978-7-5760-2290-2 | 46.00 | 2021 年 12 月 |
| 聚焦育人质量的学科课程设计 | 978-7-5760-2288-9 | 42.00 | 2021 年 11 月 |
| 活跃的学习图景：学校课程深度实施 | 978-7-5760-2287-2 | 48.00 | 2021 年 11 月 |
| 学科文化：英语学科课程新视角 | 978-7-5760-2289-6 | 48.00 | 2021 年 12 月 |
| 课程联结：学科课程群设计方法 | 978-7-5760-2285-8 | 44.00 | 2021 年 12 月 |
| 数学学科课程决策：专业视角 | 978-7-5760-2286-5 | 40.00 | 2021 年 12 月 |
| 特色项目课程：体育特色课程的校本建构 | 978-7-5760-2316-9 | 36.00 | 2021 年 12 月 |
| 进阶式探究课程设计：学科整合视角 | 978-7-5760-2315-2 | 38.00 | 2021 年 12 月 |

## 📖 学校课程发展精品丛书

| | | | |
|---|---|---|---|
| 学科课程群与全经验学习 | 978-7-5760-0583-7 | 48.00 | 2021 年 1 月 |
| 育人目标与课程逻辑 | 978-7-5760-0640-7 | 52.00 | 2021 年 2 月 |
| 学科课程与深度学习 | 978-7-5760-0505-9 | 52.00 | 2021 年 2 月 |
| 学校课程的文化表情：百花园课程的学科指向与深度实施 | | | |
| | 978-7-5760-0677-3 | 38.00 | 2021 年 2 月 |
| 学校文化与课程变革 | 978-7-5760-0544-8 | 62.00 | 2021 年 2 月 |
| 语文天生重要：语文学科课程群设计 | 978-7-5760-0655-1 | 44.00 | 2021 年 2 月 |
| 五育并举的课程体系：致良知课程的旨趣与探索 | | | |
| | 978-7-5760-0692-6 | 48.00 | 2021 年 1 月 |

| 转识成智的课堂教学：核心素养导向的历史教学 | | | |
|---|---|---|---|
| | 978-7-5760-0164-8 | 40.00 | 2020 年 5 月 |
| 学导式教学：学会学习的教学范式 | 978-7-5760-0278-2 | 42.00 | 2020 年 7 月 |
| 高阶思维教学的关键技术 | 978-7-5760-0526-4 | 42.00 | 2021 年 1 月 |
| 会呼吸的语文课：有氧语文的旨趣与实践 | 978-7-5760-1312-2 | 42.00 | 2021 年 5 月 |
| 高阶思维教学的核心指向 | 978-7-5760-1518-8 | 38.00 | 2021 年 7 月 |
| 磁性课堂：劳动技术课就这样上 | 978-7-5760-1528-7 | 42.00 | 2021 年 7 月 |
| 核心素养导向的作业设计 | 978-7-5760-1609-3 | 40.00 | 2021 年 8 月 |
| 语文，让精神更明亮 | 978-7-5760-1510-2 | 42.00 | 2021 年 9 月 |
| "六会"教学法：基于核心素养的课堂教学 | 978-7-5760-1522-5 | 42.00 | 2021 年 9 月 |

## 📖 特色课程建设丛书

| 教师，生长的课程 | 978-7-5760-0609-4 | 34.00 | 2020 年 12 月 |
|---|---|---|---|
| 学校课程发展的实践范式 | 978-7-5760-0717-6 | 46.00 | 2020 年 12 月 |
| 丰富学习经历：如歌式课程的愿景与深度 | 978-7-5760-0785-5 | 42.00 | 2020 年 12 月 |
| 学科课程群设计方法 | 978-7-5760-0579-0 | 44.00 | 2021 年 3 月 |
| 学校美育课程的立体建构：菁华园课程的逻辑与框架 | | | |
| | 978-7-5760-0610-0 | 36.00 | 2021 年 3 月 |
| 关键学习素养与学科课程设计 | 978-7-5760-1208-8 | 34.00 | 2021 年 4 月 |
| 学校课程设计：愿景建构与深度实施 | 978-7-5760-1429-7 | 52.00 | 2021 年 4 月 |
| 生长性课程：看见儿童生长的力量 | 978-7-5760-1430-3 | 52.00 | 2021 年 4 月 |
| "慧阅读"课程：儿童视角 | 978-7-5760-1608-6 | 42.00 | 2021 年 6 月 |
| 诗意栖居的课程愿景：智慧岛课程的逻辑与深度 | | | |
| | 978-7-5760-1431-0 | 44.00 | 2021 年 7 月 |
| 每一个孩子都是最重要的人：V–I–P 课程的内在意蕴与学科视角 | | | |
| | 978-7-5760-1826-4 | 54.00 | 2021 年 8 月 |
| 给每一个孩子带得走的能力：井养式课程的旨趣与探索 | | | |
| | 978-7-5760-1813-4 | 42.00 | 2021 年 10 月 |
| 指向核心素养的课程统整框架：I AM BEST 课程的学科之维 | | | |
| | 978-7-5760-1679-6 | 48.00 | 2021 年 11 月 |